教育印记

一位小学语文教师的工作手记

苏泉月 著

江西教育出版社
JIANGXI EDUCATION PUBLISHING HOUSE

图书在版编目（C I P）数据

教育印记：一位小学语文教师的工作手记 / 苏泉月著. — 南昌：江西教育出版社, 2020.3

ISBN 978-7-5705-1553-0

Ⅰ. ①教… Ⅱ. ①苏… Ⅲ. ①小学教育—教育研究 Ⅳ. ①G622.0

中国版本图书馆 CIP 数据核字(2019)第 261651 号

教育印记：一位小学语文教师的工作手记

JIAOYU YINJI YIWEI XIAOXUE YUWEN JIAOSHI DE GONGZUO SHOUJI

苏泉月 著

江西教育出版社出版

(南昌市抚河北路 291 号　邮编：330008)

各地新华书店经销

江西新华印刷发展集团有限公司印刷

700 毫米×1000 毫米　16 开本　15 印张　字数 210 千字

2020 年 3 月第 1 版　2020 年 3 月第 1 次印刷

ISBN 978-7-5705-1553-0

定价：38.00 元

赣教版图书如有印装质量问题，请向我社调换　电话：0791-86710427

投稿邮箱：JXJYCBS@163.com　电话：0791-86705643

网址：http://www.jxeph.com

赣版权登字-02-2020-101

序

摆在我面前的这本书，更多地唤起了我对小学时代的回忆。书中写到的一个个生动的教育教学案例和工作手记，正是苏泉月老师多年来热心教育、关爱学生、享受教师职业中所体验到的酸甜苦辣。《教育印记：一位小学语文教师的工作手记》更多的是苏老师自己教学实践的体验，也是她对教育充满着热情和执着追求的写照。当我读着一个个栩栩如生的教育故事的时候，仿佛自己又回到了童年时代。每个时代的故事有着特定的时代烙印，但是，为人师表、诲人不倦却是自古以来绝大多数教师的传统风范。教师的这种品质，自古有之，薪火相传几千年。正如司马迁对孔子充满崇敬的评价那样："'高山仰止，景行行止。'虽不能至，然心向往之。"

作为一名称职的教师，要想学生对你多一份亲近、敬重与信任，这就需要教师主动去亲近每一个学生，用他们心灵深处的声音，唤醒精神世界。著名语文教师丁有宽最喜欢说的一句话就是"没有爱就没有教育"。因此，丁老师在总结自己的小学教育实践经验时，深刻地感受到当教师就要热爱学生，而这种爱是艰难的，是无保留的付出。在对待差生上，他动情地说："转变差生是教育工作的重要一环，也是教育工作的组成部分，但又是最难做好的工作。"记得当年我跟着丁老师推广他的"读写结合"小学《语文》教材实验时，他常常告诫我们，优秀教师都有一个共同点，就是特别偏爱差生，花了大量力气去做差生的转化工作，使他们在德、智、体各个方面健康成长。很难设想，一个优秀教师会对自己所教的差生漠不关心，任其差下去，不去做他们的转化工作。

教师大多都读过《爱的教育》这本书。书中讲述四年级小男孩安利柯的成长故事，作者以一个儿童的视角来叙述故事，通过对儿童视角的准确把握，对儿童世界和成人世界做了逼真展示和深刻剖析。而丁有宽老师留给我们的《我与顽童》这本书，是我读过的不可多得的优秀教育叙事故事书，我觉得值得现在的教师好好读一读。他是站在一个教师的角度讲述自己与学生的故事，既充满理性，又情趣盎然。这本教育叙事著作，从不同的角度讲述故事，启发我们，教会我们该如何面对今天的教育，关爱我们的学生茁壮成长。苏泉月老师的这本书同样记叙了自己的教育历程，在这些历程中所发生的故事既感人又发人深思，这样的故事其实许多教师也遇到过，只是没有捕捉到，也许你读着读着会产生一种莫名的熟悉感。苏老师的故事既是真实的白描，也是用心的感触之言，同时又是站在教育教学理论层面对一个个问题的思考与剖析，因而对其他教师是不可或缺的经验之谈，非常值得大家读一读，从中汲取经验。

广东是个教育发展极不均衡的地方，苏老师所在地区的各乡镇发展也不均衡。从苏老师个人的教学工作经历中我们知道，她是一位具有农村和城市丰富教育实践经验的教师以及教研员。在与她的交谈中，我发现她善于思考，见解独特。谈到语文教师的专业发展时，她认为，必须坚持阅读与写作，从记录学生的一个个案例做起，走向教育家之路；在一线教学中，可写的东西很多，学生就是鲜活案例的主角，她把现象记录下来，总结规律；在写的过程中，必然会促使教师去阅读，借鉴其他名师的做法，他山之石可以攻玉，只有这样才能把自己对教育教学的思考推向一定高度。从她的这些见解中，我看到了一位勤于思考、活力四射的优秀教师，这也是我愿意为她作序的原因所在。我记得苏老师刚做教研员的时候，她会经常虚心地找我探讨问题，那时我对她的印象很深。

作为教研员，更重要的工作是带动一片，为教师搭好舞台，让优秀教师能够有机会展示才华，走上名师之路。苏老师这样做了。现在，她回到一线工作，埋头于教育教学实践的探索，专注地做教育。苏老师就是这样一位有教育情怀的教师。

杨建国

2019 年 2 月 23 日于棋趣居

（杨建国，研究员，广东省教育研究院教研室教研员，中国教育学会小学语文教学专业委员会常务理事，中国教育学会小学语文教学专业委员会汉语拼音教学研究中心副主任，广东教育学会小学语文教学专业委员会理事长）

自　序

我 31 岁当小学语文教研员，从此，打开了我人生的新篇章。

然而，教研员之路比我想象的要艰难得多。当时，区教育发展中心只有几个人，我们每个人都不能当纯粹的学科教研员，必须身兼数职，每天应付如雪花一样飘来的公文和任务。以我为例，我前后曾负责过小学语文、小学品德、小学数学、中学语文、小学教学管理的工作。忙的时候，一个月都没放假，累得骨头散了，也得爬起干活。那时候，不知道哪来的干劲可以不停地工作，也许是每个同事都那么卖力，自己不敢松懈，也许是知道自己底子薄，更要努力追赶吧。

底子薄是我心中的痛，这种痛在每个学期广州市教研员理论学习时感受最深。我们每次学习都有一个研讨主题，每个区得安排一个教研员代表发言。南沙区只有我一个小学语文教研员，所以毫无悬念，每个学期都要发言。于是，一有时间，我就啃专业“大部头”，把那些生涩的理论记下来；我常读《小学语文教与学》《语文教学通讯》《小学语文》等杂志，我不敢错过教学的前沿信息。天道酬勤，我渐渐地积淀了一定的理论基础，慢慢地从战战兢兢地应付到能自如地表达自己的想法。我很在意其他教研员听的神态，假如我的发言能吸引到他们，看到他们不由自主地回应，我就非常开心。我很感谢其他区的教研员，他们经常给我中肯的建议，有时给我传授一些成功的教研经验。在一次市里教材培训的专题讲座结束后，我收到周莲青老师的短信："讲得不错！"那一瞬间，一股暖流溢满全身。

我像一头低头耕耘的牛，默默地做开荒的工作，不断地完善南沙区小学语文的学科建设和小学教学管理的工作。在"校区联动，研训一体"的指导思想下，我在小学语文学科建起校本、校际、片级、区级教研四个维度层层推进的教研模式。同时借"深度学习改进项目"之风及"读写结合"主题研究的探索，想办法引进专家来南沙区上课、做专题讲座，集各方汇聚之力，高位引领，激活思维。又以开放接纳的胸怀吸收优秀的经验做法，改革和推进南沙区的语文教学，提高教学质量。我极力推广课外阅读，从不间断地开展师生阅读活动，协助区里打造"书香南沙"全民阅读活动品牌，为提高师生的综合素养和区域文化品位出一分力。

教研员要在一线教师面前站得稳，必须专业过硬，否则，你再辛苦再努力也不能打动一线教师的心。记得我兼任小学数学教研联系工作时，在一次数学教研活动结束后，一位数学教师面带戏谑地说道："有请苏老师点评。"我知道他瞧不上我这个在数学领域涉足的语文教研员，尽管我一直做的是组织方面的工作，从不参与和干涉他们的研讨。然而，周边的几个数学教师配合地鼓掌，硬生生地把我推到公众面前。面对几十双看戏的眼睛，我来不及犹豫，定下心神继而豁出去说："我是语文教师，本来最没资格发言。既然大家想听听我的看法，那我只能从学习心理学的角度进行点评，这是各个学科相通的地方。无论哪个学科的知识，教师用什么教学手段能让学生掌握并且运用，这都得巧用学习心理学理论。"于是，我从这个角度分析课堂上执教教师教学行为的有效性。我点评完毕，没有教师提出质疑，我才知道过关了。

自此以后，我更不敢松懈。在不影响事务性工作进度的情况下，我仍坚持进行教学研究，做讲座，上示范课，写论文，到学校听课磨课，帮助教师修改教学设计及论文、编写教学类材料……以此鞭策自己不断提升。然而，人的精力不可能取之不尽，我的身体向我发出抗议，于是我提出了回一线教学的申请。

刚回一线时，身体在调理中，又要适应新的工作环境，情绪一度低落。到了教师节，我收到两束鲜花，一束是发展中心的同事送的，一束是一位语文教师送的。接着我陆陆续续收到很多语文教师鼓励的信息和电话问候，而新学校的同事非常体贴地照顾我。他们的关怀犹如一缕阳光，让我感到很温暖。

我想，虽然我不能专注地当小学语文教研员，但我的工作经历让我的脚步踏进教育教学的各个领域，游走在各学科教学及管理工作之间，它们让我看到了一个更为广阔的世界，发现中小学之间、学科之间、教研员与教师之间，甚至是学校教育与家庭教育之间的异同。我想把这些经历，以及感悟与思考写下来，用另一种方式与其他教师继续交流，于是，就有了此书的问世。

这本书有儿童成长观察手记，有班主任工作手记，有教研工作手记，也有教学工作手记。我着力于记录走过的足迹，留下对教育教学的思考。为了让自己的思考不囿于一角，我读了很多教育教学方面的书籍，为了写透某个问题，查阅了大量相关的文献。这个过程是修炼，是洗礼，也是涅槃。无数次问自己还那么辛苦，值不值？答案是值得的，因为我相信，坚守专业，才能让教育走得深远……

广东省教育研究院教研室杨建国老师是个非常热心帮助青年教师专业成长的教研员。每一次听他的讲座或与他长谈，我总能得到新的启迪。在他的鼓励下，我更坚定地走教师专业发展之路。全国模范教师朱广亮的多次指导和亲友们的关心鼓励，让我能坚持写作，在此特向他们表示深深的谢意！

苏泉月

2019 年 8 月 28 日

目　录

第三章　教研工作手记

第四章　教学工作手记

第一章

儿童成长观察手记

教育是个慢工出细活的过程。不同的阶段做不同的事情，如果孩子在短时间内没能接受，请缓一缓，等一等。因为他有他的节奏，相信在某个时间节点他会悟过来的，你只要有足够的耐心。

一个学优生的陨落

我遇到一位几年前的学生家长，他的孩子非常聪明，属于点子多、创意无限的那种，可是非常调皮贪玩，不愿刻苦，我是又爱又恨。在谈话间，自然聊到孩子的近况。学生父亲很惋惜地说："贪玩、不定心，成绩下降了很多。"我安慰道："他那么聪明，只要愿意学，成绩会追上来的。"学生父亲说："希望他到了高三会发力，追上来吧。我当年也很叛逆。到了高三，一发力就考到全年级第一了。"他把希望寄托在孩子高三时突然醒悟的奇迹上，看着他饱含沧桑，显得疲惫的脸庞，我欲言又止，只好继续安慰："希望他真的能在最后发力吧。"话题有些悲凉，我不想再继续下去了，因为再也想不出什么安慰的理由。于是匆匆告别了。

教书这么多年，总有让人遗憾的例子。读书不是所有人都能读好，可是有那么一些人，似乎天生就是读书的料。别人背书要半小时才能背出来，他过目不忘；别人很难弄明白的题目，他一点就通。在课堂上，这些思维活跃、接受能力强、学有余力的学优生，完成任务后"闲坐"着，白白耗费了许多的时间。而教师因为要照顾中等生和学困生，得想办法把内容讲透，以便于他们能理解接受。因为教学内容对学优生来说太容易了，学习就变得无聊。学优生在这样长期缺乏具有挑战性的学习环境里，因为无法进一步激发自身优质潜能，陷入了个体发展"高原期"的困境，导致发展后劲不足。最让人担忧的是，他们在课堂上追求另一种快乐，从开小差开始，导致知识结构出现断层，心玩散了，要收就难了，知识漏洞越来越大，学优生越来越平庸了。另外，很多学优生需要刺激体验并通过尝试新事物、解决新问题、踏入未知领域而产生兴奋之情，在学校如果得不到满足，他们自然把精力投放在其他方面，如果没有教师和家长的正确引导，他们很可能在上网、打电子游戏等方面寻找精神上的刺激。上文提到的孩子就是如此，他从六年级开始迷上电子游戏，父母认为他比较聪明，玩游戏不会影响到学习，我多次劝说也收不到效果。到了初中，他越发沉迷了，父母想要制止时发现任何办法对他都不起作用，只好听之任之。到了高中，家长就把希望寄托在他的幡然醒悟，寄托他的学习天赋能来个“大逆袭”。可是，学习的金字塔靠一层一层地堆砌，如果少了一层，要补回来，必须花费比正常学习更多的苦功才能赶上，然而，电子游戏已经让他在网络世界里轻易地得到满足感，他的意志力和学习的动力早被掏空了，怎可能做到悬梁刺股般刻苦呢？所以，一切的寄托都只是南柯一梦罢了。

我很赞赏美国的天赋教育。美国前教育部长马兰特在 1972 年给国会的报告《天赋教育》中提出，要为 3%~5% 的孩子提供特殊的天赋教育，否则这些天赋极强的孩子将被一般的教育折磨得痛苦不堪。于是，作为法律立项，联邦政府拿出钱来支持这项教育计划。在美国，只要年级设置超过四年级，学校都在办天赋班，给这些优质孩子最合适的教育服务。同样，加拿大也出台了类似的政策。1999 年加拿大《国家教育法》颁布：“在行为准则、沟通能力、智力、身体素质或是其他多维度超越平均值的能力方面突出的学生，而此类学生在通常情况下需要以更为优质的特殊教育来进行引导，这一类学生则根据教育部提供标准以进行甄别与定义。”我们没有这样的做法，与之相近似的应该就是愈演愈烈的择校了，通过考核，把相同资质的孩子（大多是学优生）聚在一起进行教育。可是人们一谈起这，大多不赞同，甚至咬牙切齿——这是教育资源的不均等。如果站在学优生的立场来说，让学优生一直陪读、陪听是否也是另一种不平等呢？正如美国第三任总统托马斯·杰斐逊说：“世事变得如此的不平等，是因为用平等的方式对待不平等的人。”

远的不谈，近的急切要做的是在课堂上解决学优生“吃不饱”的问题。要适当地给学优生“加餐”。在备课的时候，我们要关注那些“吃不饱”的学生，所以必须深入教学内容，深挖教学资源，为学优生准备足量的“食物”。比如在问题的设计上，没必要迁就某部分学生而把难度变浅或变深，可设计三个层级的问题及练习，以满足学优生、中等生、学困生的不同学习需求。我们还可以发挥学优生的作用，让他们当小老师给其他同学讲课或承担辅导学困生的工作。我经常开设这样的活动，完全不需要担心学生讲不明白，小孩自有他们的沟通语言，只要给他们搭建平台，他们就还你一个意想不到的表现。而当小老师的成就感常常让他们更热爱学习，想方设法使自己更加优秀。

很多教师把提高班级教学成绩的希望放在班里的几个学困生身上。据我观察，学困生之所以如此，与家庭教育的不配合和其自身的懒惰不无关系。教师耗尽大部分的精力督促学生交作业、辅导、向家长寻求支持，到头来，学困生的学习不一定有起色，毕竟教师的力量很小，不可能改变一个家庭的价值观、生活方式、教育需求。本着对学生的关爱之心，对学困生偏爱一些，多给予一些帮助，是教育工作者必须要做的事情。可是，从效益方面来看，提高教学成绩的关键在于如何使学优生、中等生这群有学习需求的学生群体能够长时间保持线性的优良状态，为他们营造整体的积极良好的学习氛围，从而感化学困生，带动学困生也随之积极学习，最终促使全班向前发展。

最古老、最朴素的做法是因材施教。关注每一位学生，让他们在原有的基础上得到发展与提升。

等一等孩子成长的节奏

我对两个孩子印象最深刻。一个是女孩子，当年懒得不得了。长长的头发从来是蓬松零乱的，字如其人，任你说多少遍要认真写字，她还是坚持自己的个性，交上来的作业像鬼画符，似乎把我当成妖魔了。她写的文章更是乱七八糟，语句不通，表达不清。我改她的作文要有足够的耐性，用符号把她的语序调过来，在旁边加上修改的评语，尽管如此，她最终修改出来的文章照样不尽如人意。一个是男孩子，性格孤僻，脾气也暴躁，任我怎样软硬兼施也无法让他遵守规矩。家长也曾经努力过，但是教育方式不是打就是骂，渐渐地，他越来越顽劣了，家长就放弃了，不管也不问。于是，亲子关系越来越差，要么不搭理，要么“兵戎相见”。后来，他一闯祸，干脆就离家出走，在天桥下，在网吧里躲起来了。

六年后，他们变得怎样了？女孩子开始写小说。她模仿言情小说的文风，写青春少女的爱情故事。她写的小说文笔细腻，用词清丽，满满的少女情怀。如果想弄懂“脱胎换骨”的意思，就把她现在的文章与她六年级时写的文章一对比，你就明白了。而那个曾经让我焦头烂额的男孩，长大后竟多方周折通过同学找到了我的联系方式。我们愉快地谈了近况，他在一家小型工厂里打工，待遇很差，希望独立生活的想法依然很强烈。我对他说：“当年没把你拉回正轨，是我的遗憾。”男孩说：“那时我听不懂你说的那些道理，现在我懂了。”

这两个孩子的转变告诉了我：教育是一个慢工出细活的过程，孩子成长的每个阶段都会出现这样或那样意想不到的问题，有时让你措手不及，疑惑不解，有时甚至被孩子的无理取闹气得怒不可遏。然而，我们得弄清一个规律：孩子是在犯错中成长的。美国宾夕法尼亚大学的佩雷尔曼医生的最新研究表明，青少年的叛逆冲动、行事鲁莽、喜怒无常、上网成瘾等问题的根源为大脑发育的不足。大脑负责不同功能的四个区域：后脑勺的枕叶、两侧耳后的颞叶、头顶的顶叶和额头部位的额叶。它们按照由后往前的顺序发育，等到青春期末期（24 岁前后）才能大致发育完全。为此，孩子身形看似成人，但是却缺乏自我控制的能力。脑科学又告诉我们，大脑可以被外界环境重新塑造，而且，时间越早，这种可塑性越强。因此，家长与教师遇到叛逆的、不听教导的孩子真不能着急，更不要一下子把问题孩子逼到某个极端，比如用"你以后就是流氓！""现在已经是这样，以后就更严重了。""学不好，将来没出息！"之类的话语否定孩子。孩子发展到一个阶段会自动对前一阶段的某些行为进行自我修正。就像一年级的学生上课爱玩笔盒、橡皮，可是到了六年级，这种情况极少出现。原因有二，一是教育的作用，二是学生自身在不断地发展。我们还经常发现有这样的孩子，他像脱缰的野马，不听任何教导，突然发生了某件事情，或明白了某个道理，他就会改变心性，或者突然知道自己想要干什么，然后使出全身的劲投入其中。这是他成长的节奏！

教育如此，教学也是一样。有这样的一个例子：教一个七个月大的婴孩爬楼梯，研究人员费尽心机，可进度缓慢。用同样的方法教一个十一个月大的婴孩爬楼梯，这婴孩一下子就爬上高处了。我们不能说前一个孩子领悟能力不强，而是他的发展还没有到达这个程度，他学起来特别吃力，于是积极性受挫——不学了。

然而，在教学活动中，我经常看到赶鸭子上架的现象。曾听一节二年级的写话课，语文教师用范文指导学生写小动物时要写小动物的外貌、生活习性。对二年级学生的写话目标是：第一，对写话有兴趣，写自己想说的话，写想象中的事物，写出自己对周围事物的认识和感想。第二，在写话中乐于运用阅读和生活中学到的词语。第三，根据表达的需要，学习使用逗号、句号、问号、感叹号。也就是说，写话是以激发兴趣为主，写话是随心所欲的，没有什么写作的技巧，只要写通顺、会用词就可以了。可是这位语文教师把三年级的要求强加给学生，在学生还没有学会写通顺的情况下向前跳了一步，于是学生的作文只能牵强附会，终将写不出好文章。

我还要谈谈曾经听的一节二年级学生的阅读课。无可否认，这位教师的课堂驾驭能力很强。我特别欣赏他识字写字教学这一环节，既让学生灵活使用学过的方法识记，也教会学生学习一种新的识字方法——编儿歌。儿歌也编得非常好，学生一读就懂了，还学会了一些形近字。他积累词语、训练句式的做法也别具特色，在阅读课文的时候随机渗入，不着痕迹。可是，当进入阅读“雷雨前”这一部分，他用“哪句话让你觉得很恐怖？”贯穿这部分的教学，让学生逐句品味，深挖句中的重点词，最后有感情地朗读每一句话。当时，我提出这样的观点：二年级学生的阅读教学重点应该放在朗读上，而不是品词析句。因为一二年级的课文都是浅显易懂，不需要深挖，更用不着品，学生对词语的理解力也不强，有些词只能意会不能言传，越讲越不明白。但是低学段是形象思维最发达的时期，学生可以通过朗读想象画面，达到理解全文的目的，从而培养语感、积累语言。后来，听备课团队的解释，原来他们也知道朗读的重要，只是考虑到二年级下学期应该渗透三年级的知识体系——挖词的内涵，但是在处理上不知不觉过了界，以此为重点。这就是一般教师经常出现的做法，二年级学生学三年级的知识，三年级学生学四年级的知识……整体向上移，本年级的知识没学扎实，能力不稳固，掏空了中间就向前跳跃，步调越快，学生越跟不上。

还是慢下来吧，不同的阶段做不同的事情。如果孩子短时间内没能接受，对他缓一缓，等一等。他有他成长的节奏，相信他在某个时间段会悟过来的，只要你有足够的耐心并不断地引导。教师引导要像种花一样，每天给它浇一点水，细心地呵护它。然后，在暖暖的阳光下等待它的悄然开放。

从众心理对孩子成长的影响

一颗糖果放在家里，也许孩子不屑碰一下。可是把它放在一个群体的中央，孩子们竟然争相抢夺。

一个小孩子摘路边的小花，另一个孩子看见了跟着摘，接着越来越多的小孩会聚拢过来摘。有妈妈禁止自己的孩子，小孩指着摘花的人说："他们也摘。"在孩子的眼里，别人能摘，自己也可以摘。

一个班里，一个学生不做作业，他会觉得羞愧。但是，只要有三个以上的学生不做作业，学生的羞愧感立马下降。他们每个人都会想："他们也不做，又不是只有我一个不做。"然后，不做作业就成了理所当然。

课堂上，一个学生开小差，没有被教师发现。旁边的学生可能在几分钟内就有眼神的交流和小动作互动。若教师还没制止，那些原来专心学习的学生就像被传染了一样加入偷偷摸摸的互动中。

这是群体从众心理。在社会心理学中，从众不仅仅是指与其他人一样地行动，还指个人受他人行动的影响。儿童由于判断能力差，在处理事情的时候更容易倾向于从众，也就是其他孩子怎样做，他也怎样做。有时候哪怕他知道这样做是不对的，但会为了融入群体而改变自己的行为。例如，班里有一个小学生用水笔在椅背上涂鸦，引发其他同学的哄堂大笑，第二天，班上又多了几张涂鸦的椅子，若不制止，情况将继续恶化。其中，参与涂鸦的既有品行恶劣的孩子，也有平时乖巧听话的孩子。

我问后者："你知道这样做是不对的吗？"

他满脸通红，懊恼地说："知道。"

我问："知道不对，为什么还做？"

他答不上来。可见，他的行为仅仅是为了融入群体。

群体行为能使成员的身份模糊化，"每个人都这样做"，孩子在做了恶作剧以后都会把自己的行为责任归咎于"大家都是这样"的群体行为而不是自己的选择，以此降低犯错感。

所以，当你发现原来教养良好的孩子突然讲粗话，原来勤奋好学的孩子在做作业时偷偷地打开手机玩游戏时，你得警惕孩子最近融入了哪个群体中，这群体的影响力往往比你苦口婆心的教导厉害得多。

讲到这里，作为教师或者父母的你，是否心有余悸？群体的破坏力太强了。不！群体的负面影响力强，但正面影响力也不弱。

在读实验班的儿子曾对我说："妈妈，晚自习的时候，我不好意思不复习。每个同学都那么好学，我不想成为拖后腿的那一个。"我知道一个积极好学的群体正在改变着贪玩的他。

有朋友对我说："最近女儿总爱照镜子，把头发梳了又梳。"我说："好事情，她开始关注自己的形象了。与她比较亲密的朋友可能是个比较整洁大方的女孩，她在效仿中。"

我也有相似的经历，小时候我的字写得很糟糕。有一天，班主任把我与宣传委员调成了同桌，每每看到她那一手娟秀的字体，我那小小的心灵就像被撞击了一下："同是女孩，怎么我的字那么丑呢？"后来，我暗地里练字，悄悄地与她比拼，渐渐地，我的字也像样了。所以，我真得感谢我的同桌唤醒了我向上的欲望，促进我进步。

"成也萧何，败也萧何"，作为父母或教师，利用好这一规律，将有助于孩子向好的方向发展。

首先要训练孩子的批判性思维。儿子小的时候，我教导他："对于同伴的行为，先判断是对的还是错的。你认为是正确的，要学习，比如读书、运动、有礼貌、谦让等等。你认为是错误的，坚决不效仿，而且要以你为主导，把朋友引向正轨。"

儿子说："我的朋友不理睬我，怎么办？"

我说："坚持做好自己！"

如何教他判断是非呢？我会适时地评价他身边的朋友，提取他朋友的言行中做得正确的地方，供他参考学习。他认为我常常表扬他的朋友，感觉受到了尊重，也很乐意接受我的意见。

其次引导孩子所在群体的正向发展。比如说家长可组团去郊游，开展小团体的读书活动、烹调活动等等。大多数孩子选择朋友是没有标准的，与谁接触得多就能成为好朋友。如果孩子处于 10 岁以下，家长可以直接干预孩子所在群体的发展状况，不要错过这个时机。到了 10 岁以后，孩子已经初步形成自己的价值观，他有自己的选择取向，这时候干预，效果容易适得其反，只能正向引导，慢慢地疏导。

教师则要建立良好的班风，让正能量能够在班里生根发芽。当负面事件发生时，单独谈话比集体批评有效。因为当个体处于群体之中就有隐蔽作用，对学生而言，他并不认为教师在批评自己。但是采取先全班教育再对重点人物进行单独谈话的方式，学生意识到自己的行为已经暴露，教师正关注自己，他受到了约束，因而不敢再犯。另外，在正向引导时，单独评价比集体评价有效。社会心理学研究表明：群体成员在完成集体任务时，就不会那么努力。这正如我们平常所见，如果个人的责任被群体分散了，那么就容易出现个体成员搭群体便车现象。为了防止个体成员搭群体便车，教师要善于发现学生的正向表现，及时评价，使学生对教师的评价反应更强烈，促进学生正向发展。

不要放弃品行恶劣的学生，要以强大的正能量转化他们朝正向发展。王阳明在《传习录》中提道："这良知人人皆有，圣人只是保全无些障蔽，兢兢业业，亹亹翼翼，自然不息，便也是学……"意思是说圣人和常人都具有良知，差别只是被私欲遮蔽的多少，没有本质的差别。王阳明教化小偷，让小偷把衣服脱了。小偷无奈被抓，战战兢兢，依言而行。一直脱到只剩下一条裤衩，他死活不脱。王阳明说，连小偷都有羞耻之心，这就是良知，人之根本。品行不端的孩子其本质是善良的，只是处在家风不好的环境中，没有得到严格的管教，才演变成如此。把他弃之不顾，让他游离于群体的边缘，会进一步逼使他作更多的恶。法国哲学家保罗·萨特说："我们人类首先存在于环境之中，我们不能脱离环境，环境塑造了我们，决定了我们的可能性。"因而，教师和父母要竭力营造正向发展的环境，以大环境塑造群体成员，使每一个孩子(包括"熊孩子")随环境大流正向前进。

没有交往的童年是毁灭的

很多时候，我们以为孩子的世界是简单的、直接的。而事实上，他们有自己的领袖、自己的小团体，他们也会嫉妒、撒谎、排斥和欺凌，甚至幸灾乐祸，或者小团体之间对抗分裂。当然，也会受伤，会抱团，相互吸引，相互影响、支持与鼓励。一个班级，就是一个小社会，他们自有一套“社会运行规则”。孩子不会掩饰，他们纯正坦然地展露人性的善与恶，在有意识地、自主地、独立地与外界环境互动中不断获得经验，逐渐地成长。

关注到“互动”一词吗？试想，如果一个孩子不会与家庭以外的人产生互动，不接收、不回应，完全把自己隔离，那是相当可怕的，这意味着他无法享受爱的温暖。不单如此，他将渐渐地承受着形单影只带来的负面袭击，例如，遭受“熊孩子”的取笑、捉弄，甚至欺凌。

更严重的是，若一个孩子被剥夺陪伴，会影响到生命本身。一位中世纪的历史学家做了一个残忍的实验：他命令保姆和护士在喂养孤儿院里的婴儿和帮他们洗澡时，不准拥抱他们，也不准和他们说话。他想知道在没有人跟婴儿接触前，婴儿开口会说出哪一种语言。但到最后，所有的婴儿都死了。在缺乏养育者的拥抱、深情交流的情况下，他们根本无法存活。所以，孩子需要交往，如同小草需要阳光雨露一样。

我接触了很多孩子，发现每个班里都有特别受欢迎，也有不受欢迎的孩子。他们大体有以下的特征（见图 1-1 和图 1-2）。

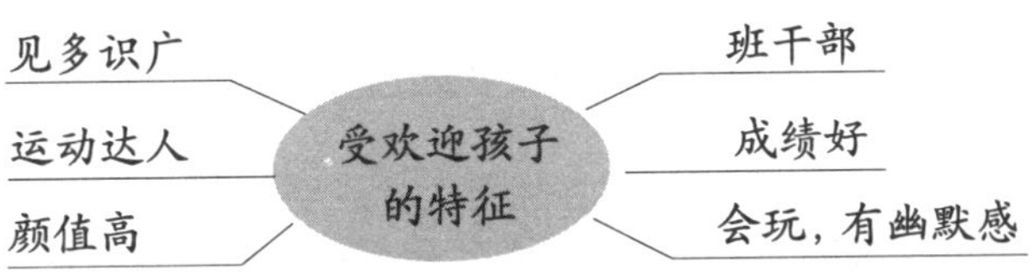

图 1-1　受欢迎孩子的特征

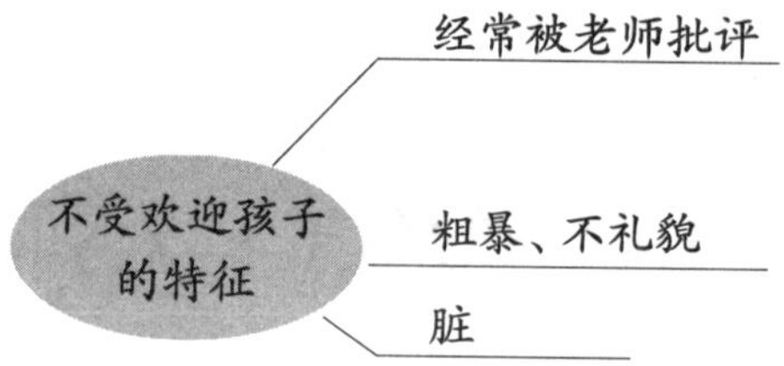

图1-2 不受欢迎孩子的特征

孩子自我评价的能力很弱，得借助别人对待他们的方式来评价自己。如果他接收到“你真努力！”的评价，在他的心中就能产生一个自己非常努力的印象，哪怕实际上，他并没有那么努力。小学生有很强的向师性，教师对一个学生的态度直接影响到一个群体对他的印象。一般情况下，他们对经常协助教师、为班级服务的同学印象特别好，对经常被教师批评的同学印象特别差。所以，担任班干部、学习成绩好且经常获奖的孩子会得到大部分同学的青睐。反之，经常因不做作业、违反纪律而被教师批评的孩子也会受到同学的排挤。

特别能玩的孩子也很受欢迎，因为这类孩子能带着其他同学一起玩。他们可以把电子游戏创造成现实版本，分配不同的角色，制订游戏规则。在游戏中，创作者就成了他们心中的领袖，孩子们得听从他的指令才有可能参与到游戏中去。有些孩子也能改变游戏的玩法，让游戏更具有挑战性。我看到过有一孩子把追逐游戏改成“追”与“逃”，且必须沿着篮球场的白色粗线跑。这样增加了游戏的难度，挑动了刺激的神经，使伙伴们玩得更畅快。我也喜欢这类孩子，因为他们特别有创造力，且能捕捉同伴的心理。

成年人爱看帅哥美女，其实小孩也喜欢，他们表现喜欢的方式更直接和有趣。我曾遇到一个一年级的男孩因为长得太好看，经常被成群的小女生骚扰的个案；男孩对漂亮的女孩表达喜欢的方式就是捉弄她 ，引起她的注意。

学校是个大容器，来自不同家庭的孩子都必须到学校接受教育。尽管现在人们的生活水平提高了，然而，班里还是有一两个常常不洗澡，衣服污迹斑斑的孩子。有些孩子不能容忍，他们对这类孩子的反应表现得有些夸张，比如，给他起个难听的外号，又比如，他走到哪儿，他们都躲开。不讲卫生的孩子容易受到孤立，尤其是女孩。同样的道理，满口脏话、态度粗野的孩子也是不受欢迎的。

怎样才能让孩子在他们的世界里受欢迎呢？我结合生活所见，介绍以下三种方法。

第一，塑造孩子的正面形象。

中国式父母喜欢自谦，在家庭聚会的时候，朋友间大多会热情地恭维几句，例如：

妈妈甲说："你的孩子学习成绩真好，我家的就差了。"

朋友说："听说你的孩子在朗读比赛上表现很好。"

妈妈乙说："哪里，哪里，他是乱读的。"

妈妈甲是"长他人志气，灭自己威风"，让自己的孩子抬不起头来。妈妈乙是为了谦虚，抹杀了自己孩子的努力。一般遇到这样的情况，其实父母可以大大方方地接受，得体地对赞扬者表示感谢，并提醒自己的孩子继续努力，争取更好的表现。肯定孩子某方面的行为，更能强化它，并帮助孩子建立自信。如：你写的字比昨天写的要工整；你做作业的速度提高了；鞋带系得不错……

第二，营造交往的环境。

蒙台梭利认为，"儿童只有在一个与他的年龄相适应的环境中，他的心理生活才会自然地发展，并展现他内心的秘密"。孩子需要与同龄人交往的环境，为此有些父母乐此不疲地为孩子们组织活动，这不失为一个很好的做法。我的朋友为了培养孩子的理财能力，在小区里组织了一次"跳蚤活动"，让孩子们拿出自己的玩具、糕点等来交易。我静静地观察参加活动的爸爸妈妈们，从他们的谈吐、他们的精气神可见这次活动不仅仅是培养孩子的理财意识，还是小区里有着共同家庭教育价值观的家庭的聚会，他们的孩子因此走到一块，形成合力，互相影响。我非常鼓励孩子参加学校或校外的活动，活动形成交往的气场，将孩子吸引其中。

第三，言传身教。

有些父母从没关注过与人交往这方面的问题，可他们的孩子却与人相处融洽。有些父母天天唠叨待人要有礼貌，可是他们的孩子总能给人带来不舒服的感觉。这是什么原因呢？其实交往的技巧是需要言传身教的。孩子从父母待人接物、与人相处的过程中耳濡目染，继承了他们的做法。我曾接触过一个在众人眼中被定位为“熊孩子”的学生。他脏话连篇、不遵守规矩、以骚扰别人为乐，真让老师头痛，同学厌烦。一天，我与家长约谈关于孩子的教育问题。孩子爸爸听了孩子的在校表现，竟面露得意之色，打断我插话道：“我小时候就是这样的。”仿佛我们进行的不是家长访谈，而是亲子鉴定。所以，父母的一言一行对孩子的影响是不可估量的。

不善于交往的孩子有两个极端的表现，要么孤独自卑；要么情绪不稳定，以发脾气或暴力解决问题。他们有一个共同的特点：游离于群体之外。他们像被缰绳困住的麋鹿正顽强地挣扎，我们得走近他们，倾听他们的声音，与他们携手解开阻碍他成长的绳索，让他们重返丛林。

孩子的挫折极限

泰国人驯服大象的本领十分高超，用一根小竹竿就可以拴住一头象。难道大象真的弱不禁风吗？不！大象是动物界的大力士，一头成年的象足可以掀起一棵大树，掀翻一辆小车。大象不敢与一条小竹竿抗衡，那是因为它潜意识里早就根植了对竹竿不敢越雷池半步的害怕。原来，在象的幼儿时期，泰国人就用一根铁柱拴住小象，顽皮的小象不甘束缚拼命地挣扎，可是无论它怎样使劲，铁柱就像一座山岿然不动，小象逃脱不了铁柱的控制。它的每一次尝试，铁柱以巨大的力量把它打回原处。在经历了一次又一次的失败后，它认命了，不再尝试，不再反抗，后来发展成连一根小竹竿也能把它拴住了。

一个小孩如果接二连三地遭遇挫折，而他又无法突破自己的挫折极限时，他会产生无助感，表现出绝望，他的结果就如同小象一样。在生活中有很多这样的例子，比如有些家长很喜欢拿别人孩子的优点与自己孩子的缺点比较，这种做法不但没有激起孩子的斗志，反而让孩子情绪低落，消极应对。班里也会有这样的孩子，毫无进取心，做什么事情都是懒洋洋的，这类孩子对老师的所有批评与表扬都表现出无动于衷，对任何教育手段都具有免疫力，他们就是人们口中的“软皮蛇”。从一个正常的孩子发展成“软皮蛇”都经历了以下的环节：频繁体验挫折；产生消极认识；到达挫折极限，产生无助感；出现“退行”行为；破罐子破摔，听天由命。

我曾有过一次失败的教育经历，差点因此毁了一个男孩。

这个男孩的学习成绩很好，但字写得很差。要知道，字写得不好，在考试的时候是很吃亏的。例如，在大量批改作文的情况下，很多语文教师不会把作文细读到每一个字，他们用扫视的方法，往往在短短的一分钟之内给出得分。字体书写不好的作文，在第一印象上会大打折扣，然后得分向下滑落。为此，我决定对这个学生进行“字体整改”。在持续的一周内，我对他写的字必会做出评价。因为他的字体总是像草一样东倒西歪，我不停地指出他的问题：“请把笔画写直一些”“不要涂改太多，想好再写”“你让老师怎样看懂你的字”……可是，他的字不见改善，第二个问题却出现了——不做作业。于是，我再处理第二个问题，对他进行思想教育。然后，第三个问题出现了——回答问题时结结巴巴。最后，第四个问题又出现了——同学们嘲笑他。

这时候我才发现情况变得越来越糟糕了。口吃如果不是遗传，就是心理防御的表现，说明他承受着很大的压力。我反思自己的教育行为，我的初衷原是纠正他的字体，但在实际操作中似乎把他的字体放在显微镜下，让他清楚地认识到自己的不足。最初，他是积极地改进自己。但是，每一次艰难地改正以后，我又挑出另一个新的整改问题，在他看来，问题总是推陈出新，一个接一个。这时候的他就如同那只小象一样，无论怎样努力，都是失败，最后完全否定了自己。他拒绝写字，害怕我又指出他的新问题，继而说话紧张，害怕说错话，又在同学的嘲笑下抬不起头来。

意识到这点，我暂停了对他的“整改”，转为暗中观察——他需要一个空间喘息，平复压力。

两天以后，他紧张的行为消失了。他又偷偷地关注我，当与我的眼神对接时，他立马躲闪了，估计他在责备自己没做好。于是，我与他进行了一次单独长谈。我表扬他在短时间内改掉了一些多年来形成的写字上的坏习惯，很不容易。我说，老师对他的要求高了些，也急了些，在这样的情况下，他还能克服过来，更不容易。如果还能坚持下去，越做越好，那就太不简单了。这时候，他的脸才开始舒展开来。

紧接着，我扭转方向，帮助他克服这个挫折极限。我把提意见换成表扬他哪方面做得好，用肯定强化他的正向行为，用鼓励调整他的前进方向。很快他又恢复原来的活泼自信了，字写得尽管还不是很漂亮，但比过去要工整一些。

现在回想起来，我若是没有及时调整教育策略，很可能把一个男孩打击成泰国的那头小象。

可见，孩子在成长过程中遇到挫折的承受力是有极限的，在这个关节点上，若能得到及时的帮助或恰到好处的调整，他的抗挫力就能得到提升。反之，孩子可能会出现“退行”现象，比如说，有些孩子会突然烦躁，控制不了自己的脾气；有些孩子会咬指甲，手不自觉地抠东西；有些孩子会嗜睡或失眠；有些孩子晚上还会发烧；有些孩子会头痛；当然也有意志消沉，反应迟缓……这些突然的不正常的行为，是孩子承受不了压力的表现。成年人若没有发现这一心理现象，就会把它误判成孩子的无理取闹或其他生理方面的原因。如果孩子压力继续增加，没有得到缓解，就很可能使孩子陷入困境，让自己退缩到角落里，不出来。

教师和父母要密切关注孩子的挫折极限的点在哪儿，在确定学习目标和布置学习任务时要向孩子呈现“刚刚能处理的难题”，即足够的挑战性以维持参与。太容易的任务收不到学习的效果，而太难的任务又会令人气馁。当观察到孩子到了承受挫折极限时，不妨缓一缓，帮助他寻找突破的方法，鼓励他重拾信心，勇敢前行。

合理干预，走出心理阴影

小叶眼神阴郁而不屑，紧紧抿着嘴唇，仿佛抗拒全世界。我站在他身边好久，命令他拿起笔完成堂上练习。他依然我行我素地坐着。教室很安静，同学们埋头写着，然而，这个划一的群体动作并没有带动他，他遗世而独立，谁也走不进他的心里，因此，他对谁也不为所动。

我想起刚接手这个班时，带过这个班的老师们（这个班每年都更换老师）关心地提醒我："不要理他，你要管也管不住，他发起脾气来，会丧失理智的。"曾经，他握紧拳头要与老师"决战"；曾经，他把同学们的书包摔得一地；曾经，他像发了狂一样，见人就打……或许老师们对他的教育想过办法，情况没能得到改善，日积月累，老师和同学都形成了"不理"的共识。

一个孩子长期游离于群体之外，对谁都没有建立信任感，他的内心是阴暗而不安全的。一开始，我判断他可能得了自闭症。我翻查了相关资料，发现症状不吻合，他情绪好的时候，可以与人进行交往。于是，我开始怀疑他是否心理出现了问题。我联系了小叶的爸爸，约他到学校与我细谈。

小叶的爸爸彬彬有礼，谈吐不俗，是个有教养的人。一见面，小叶的爸爸就说："我相信苏老师能找到帮助小叶的方法，所以特地请假过来与你沟通。"话音刚落，我如负重担。教育是一项细水长流的工作，需要家长和教师的教育理念达成一致，共同坚守，一方做得不到位，教育效果就如蚁蚀堤，前功尽弃。小叶发展成这样，家庭肯定有推卸不了的责任，把希望完全寄托在老师身上，显然方向就不对了。

我引导小叶爸爸把注意力放在家庭身上，问："他什么时候变成这样的？"

小叶爸爸说："一二年级的时候，他表现得不错，是到了三年级，才性情突变的。”

我追问：“知道那时候发生了什么事情吗？”

小叶爸爸想了想，有些难为情地说：“他的弟弟通过积分入学政策入读了 X 学校。他认为爸爸妈妈偏心。”

X 学校是离这里不远的一所名校，无论硬件和软件，都比我校要优越。在一个三年级的孩子眼里，父母的资源分配是否均衡，是掂量爱分配均衡与否的标尺。我可以想象他每天陪着爸爸到“高大上”的学校接弟弟放学时产生的那种心理不平衡感，这种不平衡日复一复地刺激他，提醒着他与弟弟不一样的待遇。这叫他如何相信爸爸妈妈是爱他的，继而相信身边的人呢？想到此，一阵寒意掠过脊背。我忽地想起他在独处时经常抠手指甲，哪怕他左手的食指已经光秃秃了，但还会抠，这可能是他焦虑的表现。

小叶的父母把对他的亏欠转变成对他一切不良行为的纵容和妥协，是助长他闹情绪、任意妄为的另一个原因。我曾给小叶妈妈发信息，请求家长配合我监督好孩子做作业，因为小叶长期以来家庭作业都是马虎应付或者不做的，在班里造成了不良的影响。小叶妈妈回复：“昨天已经和他沟通了，说了好多道理，说的时候什么都答应，结果行动上没有什么变化。眼看要上初中了，这学习状态让我们很头疼，我们天天急啊，哭的心都有了。”看了她的回复，再联系小叶的表现，我推断父母对小叶在生活和学习的管教上毫无原则，已经让小叶完全没有规则意识，眼看情况越来越严重，小叶的父母想管却管不住了，现在全家都是焦灼不安的。

从心理学的角度看，他控制不了情绪，容易产生过激的反应，焦虑，不合群，应该属于心理防御机制中的“退行”行为。弗洛伊德在探讨过很多的精神病患的案例后认为，“童年时候的经验正在建构孩子的情感人格，而这个童年时期内建的情感人格，会跟着这个人一辈子”。他需要老师和父母的干预，帮助他走出心理阴影。

综合以上表现，我与小叶爸爸商议，制订出两条教育策略。

第一，情绪管理教育，帮助他融入群体。

我向小叶爸爸表达我的想法，希望他向小叶解释两兄弟就读两所不同的学校，不是父母有意为之，父母对家庭中每一个成员的爱是均等的，从而尽可能争取小叶的理解，并让他融入群体。孩子是社会人，他一直在寻找归属感。综合小叶的情况，我推测他唯有得到父母特别关注时，才有归属感。而争取这种特别关注的方式是闹情绪。然而，在学校里，老师和同学断然不会一味地迁就他，久而久之，就对他疏离了，于是，他渐渐地被孤立，从而产生了孤独。盖伊·温奇博士在《情绪急救》一书中提道："长期的孤独会导致我们社交能力的肌无力，既无法体会别人的感受，也无法寻求别人的帮助……当我们经历排斥和拒绝时，社交支持变得更加重要。"

小叶爸爸相当给力。为了配合我"帮助他融入集体"的计划，爸爸给他策划了一次周末爬山活动，由他邀请同学参加。其实，他本性是很爱玩，也会玩。会玩的孩子能带动其他孩子走进新奇的世界，所以只要他积极邀请，班里的男生都愿意参与他组织的活动。他还特意邀请我参加，我知道，他开始接纳我了。小叶爸爸发现这个活动让他开朗起来了。后来，每隔一段时间，就组织爬山活动，并把活动照发在微信群里，让我们看到一张张天真烂漫的笑脸。

在班里，我以任务驱动的方式促使他融入群体。孩子们都喜欢游戏，喜欢活动。而我的课堂从来都不是照本宣科——我讲，你听。我会设计一个又一个的学习活动，让孩子们在参与活动中掌握知识、训练能力。在开展学习活动的时候，我有意识地让小叶参加，给他布置学习任务，而对他的要求又相对宽松一些，因为他更需要鼓励。在五年级下学期，他通过竞岗当选了值日小组长。刚开始时，他不习惯承担责任，没有工作的主动性。我常说："请你安排一个同学把黑板擦了。""请你安排一个同学收拾书桌。"……"请你安排"反复地提醒他作为组长的责任和权力，促使他主动与其他同学交流。

然而，他的情绪问题还是让人头疼的。他桀骜不驯，稍不顺心就发脾气，而且还会做出过激的行为。为此，我得经常协助其他老师处理他闯的祸。一次，他与同学吵架时，气得直接把窗帘扯下来了。当我来到事发现场，教室里一片狼藉，而他绷着脸坐着，一言不发。一群学生围过来叽叽喳喳地报告事情的始末。我被吵得晕头转向。该怎么处理？我脑海里迅速调出几个方案。批评教育？无效。冷处理？他已经被冷冻了两年了，不能再走回头路。思忖片刻，我把现场拍下来，发给他的爸爸，并留言："小叶发脾气，把窗帘扯坏了，怎么办？"

过了一会儿，他爸爸留言："明白了，下午我来学校，与他一起弥补这一错误的行为。"果然，放学以后，他的爸爸带着工具来了。但是工具不够，小叶又领着爸爸到杂物房搬来长梯，找来钉子。他爸爸语气温和又带着责备说："你犯了错误，惩罚爸爸替你弥补过错。"他抿抿嘴唇，脸上浮现愧色，继续协助爸爸。我观察到那一瞬间，爸爸的责备如同在他的心里投下一颗石子，一层层小小的涟漪慢慢地散开，空气流动着暖意。

自此以后，小叶发脾气的次数减少了。有一次，他与同学发生了小摩擦，他气得满脸通红，握紧拳头，如同准备爆发的火山，满身是危险的信号。我先疏散同学，让同学们到教室外面，不得围观。我心平气和地提醒他："你又要爸爸给你弥补过错吗？""可是他打了我。"暴躁的情绪似乎在他小小的身体里碰撞着，他的脸拧成一团，一条条青筋像盛满熔岩的管道往外膨胀着。他在原地愤怒地蹦着："他打我，他打我……"我静静地看着他，以静制动，我希望他能从我的眼神里察觉到安静的力量。最后，他像泄了气的球，坐下来了，脸上的怒气渐渐平复。我平静地对他说："以后遇到这样的事情，先想办法让自己平静下来。你可以找老师倾诉，把你的情绪表达出来。这样既可以离开现场，让自己暂且冷静，又可以寻得其他力量，助自己走出困境。"

不久，他在课堂上与后座的小江因小事闹口角。他一气之下，跑到教室外面去了。数学老师派小江前来汇报，我和小江到楼下找。发现他静静地靠在一楼楼梯的墙壁上。他看见我，抿一抿嘴，不吭声。我蹲下，平静地对他说："气消了吗？"他点点头。我说："回去上课吧。"然后，他与小江一起跑回教室上课了。

这是他最后一次发脾气，到现在为止，已经相隔一个学期了。

第二，规则教育，帮助他适应社会。

小叶为什么会不受管束，为所欲为呢？是源于父母的过于迁就以及老师的不敢管。一个孩子的“规则意识”和“执行规则的能力”是他社会性适应的基础。孩子只有在遵守规则的前提下，才能正常地与别人交往，消除内在的孤独感。

我请小叶的父母收起柔软仁慈，加强对孩子行为的管教。他们召开家庭会议，与小叶一起制订一些基本的规则，然后严格地执行规则。在学校里，我与他制订两项规则：一是认真完成作业，若是没有认真完成就留堂；二是遵守课堂纪律，若是出现违纪行为就写检讨书。

以英语学习为例，他是班里唯一一个几乎每天不做作业，上课不听讲的学生。我与小叶的父母沟通，争取他们的配合。可是，他实在对英语不感兴趣，父母与英语老师对此无可奈何。我对他说：“苏老师教语文，不懂英语，年龄比你妈妈还大，记忆力衰退了，你敢不敢与老师比赛，背英语单词？”他被我说服了，答应与我比赛，背英语单词。我向他推荐了一个背单词的公众号，陪他一起背单词。每天我完成了单词学习任务后，就把学习成果分享到他妈妈的微信里，由他妈妈转给他，他妈妈又把小叶的学习成果转给我，以此互动。在父母的鼓励下，他坚持每天背15 分钟的单词，到现在为止，已经坚持了 121 天。现在他极少不做作业。英语学习是个循序渐进的过程。他原来的英语成绩只有十几分，底子很薄。我相信他积累了一定的单词量以后，他的成绩会提上来的。因为他本是个学习能力不弱的孩子。

经过一年半时间的修正，小叶的各方面发展渐入佳境，与正常的孩子无异。在这个案例中，我最大的感触是：孩子在成长的过程中总会出现状况，滑坡，甚至掉入悬崖。作为教育工作者，不应该过早放弃对孩子合理的教育干预。同时，教育孩子需要持之以恒。有时孩子会不断地重犯同样的错误，所以教育工作难免会有重复，但别灰心，只要教师和家长不停止教育、不放弃孩子，他终将有醒悟的一天。

“熊孩子”的孤独

一开学就发现这个“熊孩子”不对劲，心散，作业马虎，情绪反复。这个星期被我顺藤摸瓜，发现了他上黑网吧的行为。想必是过年时兜里满满的红包作祟，于是原计划五月份的家访行动要提前进行了。

我约好去梅山糖厂生活区家访。在一位家长的热心带路下，我去到小江家——这一站，是我此行的主要目的。推开他家的门，看见他正蹲在地上，身子趴在凳子上做作业。不足十平方米的房间里有两张床、一台电视，墙角上摆着厨具等。四面墙壁已经被油烟熏得发黑，让室内的光线更暗了。他抬起头，尽管他知道我要来，但是仍然表现出惊讶。他站起来，不知是由于站不稳还是内心的彷徨，手里的书“啪”的一声，掉在地上，在这个简陋狭小的房子里显得异常响亮。细小的身影立在昏暗的灯光下：“老师……好！”在那一刻，我突然很痛心，在这样的环境，我马上能理解他为什么老是躲在黑网吧里。

我问：“你爸爸妈妈呢？”

“他们不在，晚上 9 点钟才下班。”

我问：“家里还有其他人吗？”

“有，哥哥，他又去打球了。”

“你常常一个人吗？”

他迟疑不答，双眸分明冒着水汽。

其实，当天下午，我已经与他的父母打过招呼，6 点左右要去他家。看来，他的父母并没有把我的到来当成一回事。现实就是这样：问题孩子的背后总有一个问题家庭。而教师的力量又何其微薄，捧着一颗热心，往往收获一双冷眼。我颓丧地自顾自找凳子坐下，他低着头，不作声。这个空间似乎与外界脱离，安静得出奇，使我可以轻轻地与他交谈。我与他谈最近的表现，谈去黑网吧的种种恶果，谈做人要有目标有理想，要为开创美好的未来努力，谈读书能改变命运……不知道他是否听懂，只觉他身上的戾气渐渐地消散，像被驯服的狮子伏在我前面，静静地听着。

最后，我说："能保证以后不去黑网吧吗？它虽然能给你一时的快感，但终究是毒害你的地方。从你现在的情形看来，只有读书才能改变你的现状。否则，你很可能走爸爸妈妈走过的路。每天在工厂里辛苦劳作，没有休闲的时间，没有照顾孩子的时间，人生就被工厂那点微薄的工资困住了。"

他点头答应了。可是我心里清楚，他是不能做到的。一个没有安全感、没有温暖的家庭是阻挡不了他在网络世界寻求认可的。生活在网络世界里的孩子无法区分现实与虚幻，常常把虚拟世界搬到现实来。他在学校里竭力地摆出强者的形象，一副桀骜不驯的样子，总以为自己能征服世界，稍有不顺心，就把惹怒他的同学按倒在地。有一次，他竟死死地掐着同学的脖子，若不是我及时赶到，后果不堪设想。越是如此，越能说明他内心的孤独与不安。

现在生活条件好了，大多数孩子能吃饱穿暖，他们的身体发育得高大壮实，像饱满的玉米粒子。然而有多少人能关注到他们在精神发育上是否也一样的饱满壮实呢？在我的职业生涯中，见到不少因得不到家庭温暖而活得像随风摇摆的枯草一样的孩子，他们过早地接受现实的悲凉，又不懂得如何应对它们，于是逐渐被它们消融。

学校教育能做些什么呢？广州大学心理学教授聂衍刚在一次讲座中提到这个问题，他说："要转化一个家庭背景复杂的问题孩子，老师的作用只在于改变这个孩子的人生观，培养积极的人生态度。要是企图从家庭的角度做工作，结果是徒劳的。"因此，孩子置身于纷繁复杂的环境中，社会、家庭以及学校，都应发挥力量，帮助孩子健康成长。

他悄悄地长大了

运动会上，明媚的阳光，和煦的春风，染得足球场一片绿色，很适合孩子们同台竞技。

要比赛的项目是 60 米、100 米短路。小贤信心十足，像一匹强悍的黑马奔跑在田径场上，惹得班里的同学一阵阵撕心裂肺的加油呐喊。然而，尽管他是那么勇猛，最终还是不敌邻班的选手，屈居第二。赛后，他在拥挤的人群中，由一个同学搀扶着走来，他咧开嘴，笑着撒娇："老师，我扭伤了腰。"看着他嬉皮笑脸，古灵精怪，我马上联想到他可能为自己不能拿第一找理由。于是，我拍拍他的腰，按了一下说："没事，你还有比赛呢，快去准备！"他哇哇大叫，连同学都被他的夸张表情逗乐了。

大约 10 分钟后，一男生来了，神情有点慌："老师，小贤真的扭伤了，他说痛。"我朝他的方向望去，发现他趴在足球场的一角，旁边围上了一群男生。我马上叫来校医一道去看他。"怎么，痛吗？""嗯！"他坐起来，又咧开嘴笑。校医让他再趴下，然后，麻利地撸起他的上衣，拉下他的长裤，察看伤情。这时，一小半截的内裤露了出来。他一愣，马上把头埋进草皮里，两手捂住头，像受了天大的侮辱。我很奇怪，把他拉起来，问道："你干啥？哪里不舒服？"嘿！这小子，脸竟红得赛过关公，羞涩的模样让我想起"犹抱琵琶半遮面"的诗句。同学看见了，"哈哈哈！"笑开了。一男生嚷道："小贤被女人看见啰！"这时，我和校医才恍然大悟。我佯装骂道："你这小子，给校医姐姐看看，有什么大惊小怪的？"这时候，他才扭扭捏捏地趴下，接受校医的按摩治疗。

这一瞬间，我才发现他长大了。

回想三年前，他还是个身高不及我胸口的小不点儿。当初把他调进班里时，我心里有一百个不愿意，因为早就听说他在低年级已经是个恶霸，被他那非常有钱的爸爸宠得无法无天，从没把老师放在眼里。而他的劣行，在与他相处两个星期后就暴露出来：不做作业，欺负同学。一次，他乱做作业，放学后，我批评他一顿，要他重做，他竟像领导一样，一拍桌子，十分嚣张地瞪着我，抿着嘴，似乎在说："你是什么人，能对付得了我吗？"一名教师居然被这个黄毛小子挑衅，他眼里没有一丁点的尊敬。我怒不可遏，掀起他拍的那张桌子，桌子摔在地上，"砰"一声巨响，刚好落在他的脚边。毕竟是小孩子，他被那一掀"震"住了。他不敢作声，我一字一顿地命令道："把桌子扶起来，重——做！"第一次，他没有对抗。我不知道我娇弱的身体哪来的力量掀起那么大的声响，我只知道我的手在发抖，我的腿快软下来了，而我依然强作镇定地陪着他把作业做完。

往后的日子，是精彩而刺激的。他像一只极端顽劣的猴子，隔三岔五就搞一桩事，足以让你怒火冲天，翻江倒海。但渐渐地，在与他的周旋中，我发觉在他顽劣的外表下，有颗可爱的童心。他虽爱动手动脚，但决不欺负女生，"好男不跟女斗"的论点，他是认同的。所谓"一物治一物，糯米治木虱"，利用这点，我专挑能干漂亮的女生做他师傅，管他的纪律。有时候，我看见他被女班长呵斥，然后垂头丧气地抓起笔头，一声不吭地写。我在背后抿嘴偷笑。当他的霸气悄悄地被我剥离的时候，他的可爱之处就越来越多地冒出来了。正如他的幽默调皮就成了班里情绪调节剂，班里往往因他而笑声阵阵。他还挺重情谊的，有一次，学校搞烧烤活动，他很用心地烤了两只鸡翅送给我和数学老师品尝，我"受宠若惊"——在此之前，我对他的批评还是挺多的。

现在，他已经长成个儿比我还高的男孩了，班里的所有重活还得劳烦他出手，他每次都爽快地完成任务。这样的变化，是我三年前万万没有想到的。

所以，孩子是在变化中长大的。

“小领袖”改邪归正

我似乎与问题学生特别有缘分，每一届都要与“熊孩子”斗智斗勇。

一匹马在空旷大街上横冲直撞，也许它的杀伤力并不大，只要驯服它就行了。但是假如你遇到这匹马不但野性十足，而且很有号召力，把四面八方的马引过来，一同横冲直撞，这种破坏力是惊人的。在我的班主任生涯中，就遇到过这样的一匹马。

我接这个班时，就发现这个班有个男生与众不同。他是班里男生的头，长得高大健壮，逆反心理很强，总爱带着手下与老师对着干。有一次，我在其他班代课，小辉径直走进来，说：“老师，不得了，我们班无法上课了，你过来看看。”我跟着他走进教室，看见数学老师站在讲台边，男生们在打打闹闹，有几个男生见到我竟还鼓起掌来。看着他们和小辉互相打眼色的举动，我明白了，这又是小辉的恶作剧，让我观看他们的表演。在这种情况下，要是对他们说上课要遵守纪律的道理，他们肯定不会听；要是用老师排山倒海的气势压倒他们，也许他们很快像弹簧一样，给你一个措手不及的反击。

经过反复的思考，我决定接近他，走进这个群体，夺取小辉在男生中的威信。苏霍姆林斯基说过：“通向儿童心灵之路要靠友谊，靠共同的兴趣、爱好、感情、感受来铺设。”我发现那群小家伙特别爱听小辉讲故事。好！我就从讲故事作为切入口。上课，结合教学内容，我穿插地讲小故事、新奇有趣的课外见闻；下课，与他们讲历史故事。我讲得绘声绘色，把那群孩子的心吸引过来，一到下课，孩子们都爱围上来，哪怕听几分钟，也心满意足了。

然后，我利用课余时间与他们玩游戏。我的游戏五花八门，而且每一个游戏都别出心裁。如“藏猫猫”，就是一个“藏”，一个“捉”，其他同学得想办法把“藏”的同学掩护起来，不被“捉”的同学发现。一玩起来，他们得商量：哪个小组负责围在一起掩护他；哪个小组负责故弄玄虚，拖延时间；哪个小组负责分散“捉”的同学的注意力。在分工合作的过程中，他们的价值得到了体现，团队精神和集体向心力就形成了。

还有“信任之旅”的游戏，学生特别喜欢，这是我从心理团体辅导培训班学到的。每个人戴上眼罩，先在空旷的篮球场上独自一人穿越障碍，体验盲人的无助感。然后学生中一半人继续扮演盲人，另一半人扮演帮助盲人的拐棍，由拐棍帮助盲人完成穿越各种障碍的旅行。完成后交换角色重新体验。通过此活动，让学生在体验中明白：每个人都会经历彷徨无助，就像黑暗中的自己找不到方向。这时候，请你敞开心扉，接受别人的帮助；当你看到你的同伴身处低谷，请站出来，帮助他。因为他是你的朋友；请珍惜身边的每一个人，因为很多时候，连你自己也分不清，谁影响了谁，谁帮助了谁。但有一点可以肯定，你源源不断地从身边的亲人、朋友身上获得温暖。

团队游戏让学生们明白了班集体中同学们之间尊重、信任、互助的重要性，为了班集体的发展，他们坚持做正确的事。而我和同学们的关系也在游戏中渐渐融洽，摩擦和对抗减少了，最后我和他们打成一片。他们向我敞开心扉，共同分享成功的喜悦和失败的忧伤。

俗话说：“亲其师，信其道。”我提出的要求、明确的班规，同学们很乐意接受。于是，我在班里实行了轮组值班制度。突破以往只让学优生担任班级管理的常规，把班级纪律管理工作、墙报工作、班队活动组织工作、值日工作等以小组轮值的形式分派给学生。让90%以上的学生能承担一项以上的班级管理工作，进一步发挥同学们小主人的精神，增强他们的集体荣誉感，再以集体的力量感染每一个学生。

当一个健康向上的班集体一旦形成，小辉的“领导”功能自然消失了，他成了离群的孤雁，游离于集体的边缘。他不服眼前的变化，把我当成夺取他在班里地位的敌人。所以他故意违反纪律，与老师对着干。出于一个班主任的良心，我不能放弃他。于是我又投其所好，接近他。

后来，我和他签订了一份“行为契约”，一一列出他要改正的不良行为。每天放学，我让他过来写一两句当天的反思，对照这份契约改了多少条，犯了多少条。每改正一条，我就送他一份小礼物，奖励他的进步。每天我还用红笔在他写的反思右侧写下我对他的观察记录和感想。一开始，他不愿来，我就派他的“兄弟”请他来。慢慢地，他变得很自觉了，因为他很好奇老师今天又有什么心里话想对他说，这里寄托着老师对他与众不同的关心，这是他很乐意看到的。就这样，我们靠这种方式交往了一个学期，我们的感情真挚起来，他由对抗我变得信任和尊重我。

作为一名班主任，育人工作的确呕心沥血，但每当看到学生们在一个团结向上的班集体里健康成长，看到学生们对我依恋和信任的眼神，幸福感总会涌上心头，再苦也值得。

相信每个孩子都有潜力

小伟今天默写全对，与所有的优秀生一样，可以第一批放学。我对他竖起两个大拇指，夸张地表扬："你被唤醒了，你的脑袋正在开窍。"他被我的热情吓得愣了一会儿，然后害羞地微笑着去收拾书包。

其实我一直在观察他，他是班上第一个作业全做错了的学生。我翻开他上一年的成绩表，心里凉了一截。要是十年前那个年轻气盛的我，必定训斥他。但是现在不一样了，自己也是个妈妈，陪伴孩子走过了小学的过程，我知道每一个孩子都是一朵花儿，有的开得快一些，有的开得慢一些，有的开得艳丽一些，有的开得低沉一些，正因为每一朵花有其独特的成长过程，我们的世界才是五彩缤纷的。若是把孩子教育成同一个模子，那就是教育的悲哀。

我把作业本发给他的时候，轻轻对他说："错得太多了，上课注意听评讲。"我评讲作业的方式与其他老师不一样，我会先检查学生的作业，把做得比较马虎的拎出来，亲自批改，发现学生存在的问题，在评讲时把它定为重点，其他的作业本则发给学生互相批改。根据学习心理学理论，学生互教互学的学习方法是最有效的。我把每道题的评价标准给学生，让学生知道老师是怎样扣分的，他自然就学会如何答题。当讲到小伟的错题时，我始终关注着他有没有听。我发现他在很卖力地把答案抄在一本练习本上。他的意图是什么？这个问题悬在我的心上。后来我发现，他要回自己的作业本后，马上把练习本上的答案抄在作业本上。估计他是知道自己记不住，想到此策略，这对他而言无疑是个办法。遇到困难，会想办法解决，这是多么可贵的品质！

记得学思维导图时，他学得比较慢，半天画不出东西。我在他耳边说："画不出来，就随便画，画着画着你就有想法了。"没有限制，没有要求，你随意，我让你天马行空。然后，他真的一条线一条线地画出来了。在写作文时，他居然写了近500字。我把他的作文拿出来给同学示范："你看，他多厉害！"同学们受了刺激，像打了鸡血一样写，小音说她写了两页还没写完。课后，小伟又追上来，拿着他的作品给我看，我情不自禁地夸他。他的记忆力不好，背书特别吃力，掌握了思维导图后，他每一次先把背书内容画成思维导图，然后用串联关键词的方法进行记忆，背书的速度竟能超过中等生。

其实，人的大脑的潜力是不可估量的，学习可以让它的发展进入一个最好的状态。《教育中的心理效应》提道：人脑发育存在着关键期。在关键期内，脑的结构和功能上具有很强的适应和重组能力，易受环境和经验的影响。遗传对智力的影响主要表现为与生俱来的感官和神经系统特征，学习则表现为对感官或神经系统发展的刺激与催化。所以，持续的学习不但改变人的行为，甚至改变大脑的结构、大脑的功能。如果我们能想办法让学生对学习产生兴趣，那么他的一生将受益无穷，潜力不可估量。

据说小伟在低学段时就表现出学习力发展缓慢，想必遭遇了不少挫折与否定，于是他把自己放弃了，把学习力封闭起来，不愿意再努力了。在学生群体中，有不少这样的例子，他们也不相信自己有不可估量的潜力。要放弃容易，要坚持困难。一旦放弃，其他各样的问题就如决堤之水涌出来，越走越不顺利，越走越糟糕。

假如一开始就相信，情况会不会不一样呢？

第二章

班主任工作手记

学校是个大容器，接收来自不同家庭的孩子，每个孩子的特质是多样和多变的，每个孩子的成长历程是复杂的。因此，班主任工作是一项充满挑战的工作。“把整个心灵献给孩子”成为班主任挥洒汗水的内在动力。

如何建立班级规则意识

老子对管理者的评价有四个层次:“太上,不知有之;其次,亲而誉之;其次,畏之;其次,侮之。”意思是说最上等的国君治理天下,居无为之事,行不言之教,使人民各顺其性,各安其生,所以人民不知有国君的存在;次一等的国君,以德教化民,以仁义治民,施恩于民,人民更亲近他;再次一等的国君,以政教治民,以刑法威民,所以人民畏惧他;最末一等的国君,以权术愚民,以诡诈欺骗人民,法令不行,人民轻侮他。作为班主任,一个责任最大、权力最小的管理者,我很难做到第一种的境界,但也决不会做第四种,我能做的是尽可能在第二种与第三种之间折中,从而既能“以德化民”,又能“以政教治民”,让学生“又爱又敬”。

五(2)班过去每年都换老师。教师队伍不稳定的一个班级的最大问题必然也是“不稳定”。不稳定的班级秩序,不稳定的班级凝聚力。所以,在课堂上,整个班级的注意力是松散的,我常常管住了一个学生,却有另一个学生悄悄地在做自己的事情,班里连基本的课堂规矩也不能遵守。

没有良好的课堂纪律做支撑,学生怎能做到不受干扰地接受学习呢?为此,我决定在加强班级的规则意识,建立班级秩序方面做文章。

第一,全班竞岗,增强小主人责任感。

我把班级分成由班长(轮值)、科代表、体育委员、组长、值日组长、小组长组成的6个部门25个岗位,组织一场全班参与的竞岗活动。我对学生做思想动员,从一个美好的愿景开始:“这是一个由48人组成的班集体,我们共同在此学习生活,这是我们共同的家园。我们在这里,师生关系和睦,同学友善。我们在有序的环境中,有了安全感,我们不受负能量干扰,心无旁骛,积极学习,在不同的平台上展现自己,成为最好的自己。所以我们每一个人有义务为了让它变得更美好而努力,因此,每一个同学都要思考自己能为班级做什么，并把你的想法落实在行动上，让你守护的家园因你而不同。”

一个美好的愿景激发了学生对建立有秩序班级的向往，全班无一例外地参与到竞岗活动中来。竞岗分为男生、女生两场，分别由正副班主任组织，学生按学号上台进行 2 分钟演讲。他们通过演讲介绍自己的特长，提出了自己管理班级的想法，形成了个个为班级出力的氛围。

投票产生 25 位新班干部组成班级新的组织架构，6 个部门主要负责人再准备一场就职演说，内容是介绍自己负责部门的工作构想。这些部门负责人的演讲视频放在微信群，邀请家长和学生一起收看，并点评。家长和学生对新任班干部的就职演讲表现出极大的关注，他们在留言区里写上自己对新任班干部的欣赏和支持。以下是他们最近一期竞岗活动的留言摘录：

我觉得他们讲得都很好，说的每句话都带有诚意，对自己有信心，我相信他们一定会像他们说的那样，为我们班集体无私奉献，使我们变得更团结，更强大。在这期间，我也一定会配合他们的工作，大力支持他们，让他们做得更好。同时，我也希望我们班的成绩能有所提高，超越邻班，成为最棒的班级。

——李思婷

班长十分大方，有气派。大家既然都想为班级效劳，那么就让我们一同努力！ 谁说我们不能创造最美好的班级？ So easy！

——盛思敏

第二，建立制度，熟悉制度。

管理靠的是制度。一个 48 人的班级，每个人的个性都不同，如果听之任之，班里必然是一盘散沙。为了让 48 人凝聚起来，使他们有序地学习和活动，我采用清单管理的方法。我参照学校的校规，与学生共同协商，分别制订了 23 条班级行为清单和 6 个部门的工作清单。以工作清单为例：

五（2）班工作清单

一、班长工作清单

1. 做好榜样作用。

2. 当老师不在时，及时处理班内发生的问题，发现不良的行为表现要制止，并及时向老师汇报。

3. 凡有利于班级的想法，大胆向老师建议，大胆去做。

4. 如果上课老师没有按时抵达教室，值日班长管理班级纪律，非值日班长到办公室请老师。若找不到老师，可向班主任或副班主任汇报，让他们找其他老师代课。

5. 课前开启电教设备，监督值日生把黑板擦拭干净。

6. 做好老师布置的班务工作。

二、值日生工作清单

1. 值日当天尽早到校。

2. 上交作业后马上完成自己的值日任务。

3. 做值日时不能说话，不能影响其他同学阅读。

4. 劳动委员在第三节、第五节课课前进行保洁检查。

三、科代表工作清单

1. 上午第二节课上课前要向各组组长催收作业。

2. 整理没做作业同学的名单，交给科任老师。

3. 逐一通知没完成作业的同学放学前补做作业。

四、组长工作清单

1. 收发作业。

2. 上第二节课前，向科代表汇报组内作业上交情况。

五、四人小组长工作清单

1. 做好榜样作用，管理小组内的纪律。

2. 课堂上按老师要求组织小组合作学习活动，分配发言人、汇报人、记录人。

3. 检查老师布置的学习任务完成情况。

六、体育委员工作清单

1. 早操带队进操场，其间管理纪律。

2. 大课间带操，做好示范。

3. 体育课当体育老师的助手，完成体育老师布置的任务。

班级行为清单和部门管理清单制订后，我利用班会课让学生把清单背下来，使他们清清楚楚地知道什么应该做，什么不应该做，班干部知道怎样管理，每天具体该做什么。

第三，双管齐下，执行制度。

制度定下来后，紧接着就是严格执行。实施的前两周，我经常抓细节点评同学们哪些地方做得好，哪些地方有待改正，并根据实际情况进一步修订制度清单。在制度执行过程中，大部分学生都能遵守制度。可是班里的几个“熊孩子”向来无视制度，他们仗着老师不敢惩罚，不但不执行制度，还带动一部分同学兴风作浪。

所以，做好家长的思想工作，争取家长的支持，是执行制度的有力支撑。

在家长会上，我对家长开展了情深意切的动员。“养育孩子是件辛苦的事情，每个家庭都有一个愿望：孩子能健康成长，做最好的自己。我与你们的愿望是一样的。所以，我们是共同帮助孩子发展的战友。”我首先要争取家长对我的认同，结成同盟。

“但是，现在班里的情况是……”我把负能量对班级产生严重影响的事实摆在家长和学生面前，让家长商讨负能量应不应该遏制，如何遏制。在教师、家长、学生三方商议的情况下，我制订协议书，争取家长和学生签名遵守。

学校协议书

实验小学五（2）班于3月2日召开了家长会，在家长、学生、老师的共同协商下，就以下问题达成共识：

1. 学生每天在家里至少完成一件家务事，承担起应有的家庭责任。

2. 学生必须认真完成作业，并对照作业清单，清点每一科的作业。

家长签名检查。

3. 学生要积极参与学习活动，不得违反课堂纪律，确保上课质量。如果违反，经教育无效后，请写检讨书给家长，由家长惩罚。

4. 学生要遵守班规，服从老师的管教。如果不听老师管教，将通知家长，由家长惩罚。如果影响到其他同学学习，屡教不改的，则约谈家长共同商议对策。

同意（学生签字）：__________ 不同意（家长签字）：__________

同意（家长签字）：__________ 不同意（家长签字）：__________

为了顺利实施必要的惩罚措施，让“熊孩子”也愿意遵守班级规矩，不影响全班同学的学习，我又制订了惩罚承诺书。

惩罚承诺书

学生姓名：__________

老师有一万个理由不愿意惩罚，因为惩罚相当于要面临风险，招来不必要的麻烦。但是看到孩子在成长的路上走歪了，且有误入歧途的危险，老师做不到撒手不管，所以才惩罚孩子。从教育的角度上看，欣赏与惩罚具有同样的作用，孩子离不开欣赏，同样也离不开惩罚。我们发现问题马上处理，不排除使用惩罚手段。您是否愿意老师对孩子实施合理的惩罚？您允许惩罚的内容是什么？请写下您的意见，以后我们会根据您的意愿，做出合适的处理。您是孩子的父母，相信您会站在孩子发展的立场思考问题。

愿意（家长签名）：__________ 不愿意（家长签名）：__________

您允许的惩罚内容是：______________________________

在广泛征求家长意见，得到家长的支持和同学们的同意后，我们协商制订惩罚清单，对违反班规的学生执行惩罚。在执行惩罚的时候我力求做到了：事前告知惩罚，就事论事，言出必行。所以学生对班规的执行力度大大加强。

当规矩形成习惯，习惯就成了班级文化的沉淀。

第四，开展班级主题活动，加强规则意识。

规则教育要深入人心，必须要让孩子知道规则的意义，让孩子知道遵守规则不是外在刻意的行为，让孩子自主体验规则的公正性与互惠性。因此，我在班里进行了“教养，影响孩子一辈子”的主题活动。这个活动，我请家长也参与进来。我们共同阅读《你的教养，就是孩子的起跑线》一文，然后开展阅读交流活动，最终把交流结果发布在微信群里，与其他家庭互动。以下是部分家庭的活动感受：

教养要从小做起。赫本说过：“当你长大时，你会发现你有两只手，一只用来帮助自己，一只用来帮助别人。”一个有教养的人，不会自傲，会谈吐有节……有教养的人的遗产比那无知的人的财富更有价值，我们要做一个有教养的人。

——曾梓琪

世界上最难的工作就是为人父母。我是一个普通的妈妈，我不图孩子将来能有什么大的出息，起码要教育她如何做人，不做违法违纪的事情。这需要我们时刻关注孩子，也提醒自己要学会自律，提高自己的素质教养，做到言传身教。

——刘思萌妈妈

细节显教养，谦卑藏高贵，一个懂得尊重别人的人，才是真正高贵的人。孩子是一张白纸，家长是孩子的启蒙老师，你在做，孩子在看，家长要谨言慎行。

——聂智宇爸爸

活动过后，很多孩子把遵守规则当成有教养的行为。遵守规则就是尊重同学，尊重老师，亦是文明班级的奠基石。

经过一年的班级规则教育，同学之间团结友爱，班风积极向上。没有规矩不成方圆，做任何事情都要有规矩、懂规矩、守规矩。在班里如此，在社会上也如此。

青春期孩子的早期心理问题和教育策略

一个学生的父母来找我，他们显得彷徨无助。爸爸沉默了，妈妈说："我们发现女儿在家里偷了将近100元，并且很快花完了。我们问她为什么偷钱，钱花在哪，她不吭声，无论我们用什么办法也无法撬动她的嘴巴。她突然倔得很。怎么办？她是不是结交了不好的朋友，近墨者黑，染上了偷窃的行为？"说到这，妈妈的情绪更激动了。

他们夫妻俩都是知识分子，特别重视家庭教育，对女儿相当严格，他们的女儿也很争气，品学兼优，很懂事，很乖巧。发生这样的事情，我很惊讶，我说："先让我找她谈谈吧。"

第二天，我找到她。没等我把事情讲完，她就急着说出来："老师，我的钱都请同学们吃东西花光了，没花在别的地方。"

我说："你想请客，这不是恶劣的行为，你大可以跟爸爸妈妈要钱，或者用自己的零花钱。为什么要偷呢？用不问自取的方法达到目的，就是恶劣的行为。"

她沉默了，过了半晌，她才轻轻地说："老师，我想试试偷东西的滋味。"她那圆圆的、饱满的脸因惭愧而红起来了，如天边的朝霞慢慢地化开。那一刻，"青春期"这个词就像拨开了云雾，清晰地冒出来。随后，类似的问题从我脑海中闪现……

当孩子进入了青春期以后，他的情绪似乎不可控制，他的行为变得不可理喻，有的老师或家长把青春期的孩子喻为"熟悉的陌生人"。如果你了解了他们的心理变化，也许对你如何做"熟悉的陌生人"的思想教育有帮助。

从10岁开始，一部分的孩子越来越关注自己的外貌，他们偷偷地把外套里面的校服换掉，穿上自己喜欢的衣服。男孩子用水把头发打湿，梳出某明星的发型，女孩子喜欢变换发夹等小饰物。不但如此，他们爱上了攀比，比成绩，比谁获得更多的爱，甚至攀比自己在小群体中的地位，悄悄地排挤对手。为此，他们不惜背地里把对手的书包弄得七零八落，在他人的椅子上涂鸦，向老师举报对手的违规行为且又不愿意暴露自己的身份。因为爱攀比，他们变得敏感、多疑、自卑。他们开始跟父母或老师对着干，希望得到理解和尊重。前文提到的那个女孩就是通过偷父母的钱来反抗父母，以及尝试挣脱父母的束缚，本质上，她知道偷是不对的，所以当我与她交流这件事时，她马上感到愧疚了。她把钱花在请客上，其实是希望自己在群体中更有面子。

青春期的孩子，身体发育得特别快，一方面，渴望独立；另一方面，又保留了儿童的依恋心理。我有一个学生，在六年级这一年里，像吃了催化剂一样，长得又高又壮。我走到他身边，抬起头“戏弄”他：“长得比老师还高，不能再欺负老师了。”他腼腆地笑了。而事实上，他到现在还改不了吮吃手指的习惯，说明他的口欲期还没结束，有时他还会坐在地上玩。他外表像个少年，但在心智上还是儿童。

从五六年级开始，女生讨厌男生的粗野，常常向老师举报捉弄她们的男生，以获得老师的帮助。其实突然讨厌男生的这些女生，她们的身体正在悄悄地发生变化，一个小小的触碰都能给膨胀的乳房带来剧痛。月经来临的时候，她们处处得小心翼翼，害怕男生发现这个秘密。这些不能言说的不适感，让她们更加敏感而细腻。而男生则相反，他们以捉弄女生为乐，有的男生特别爱捉弄某个女生，其实他不知道，这是他对这个女生特别关注的表现 。男生和女生常常从戒备对抗开始走向暧昧，性意识觉醒了。

在青春期孩子的心里，朋友占的分量越来越重。为了融入群体，他们不得不遵从群体意志，做一些他们平常不会做或不敢做的事情，因为他们害怕被排挤、受冷落。他们不会再像低年级那样积极举手回答问题了，只因回答得不好，容易被同学嘲笑。有的学霸为了掩盖“书呆子”的形象，故意在体育活动上显得特别活跃。据我观察，很多孩子学坏都不是主动的，而是被一个不良的群体牵着误入歧途。有些孩子在学习上屡遭挫折，但他们渴望在群体中地位优越，所以他们以欺凌弱小的同学的行为获得被同学尊为“大哥”的感觉。

我们如何心平气和地教育青春期孩子呢?

第一，理解和接纳，顺势而导。

认识了青春期现象背后的心理需求，就觉得青春期并不可怕。在日本，女孩第一次来月经的时候一定要吃豆饭，庆祝女孩子成人。非洲许多部落也会举行隆重的仪式祝贺青春期的来临。青春期的孩子逐渐脱离对父母等大人的依恋，走向独立的自己。所以，哪怕孩子在心理和生理上有多大的变化，我们都应该以正面的、阳光的心态去接纳它。

我们要理解孩子的叛逆心理，放下身段，与孩子平等地对话，多与孩子交流感兴趣的话题，走进他们的内心世界。同时又给孩子充分的独立的空间，让他们在这个空间里感受到独立的欢愉。当发生矛盾冲突的时候，多换位思考，理解他们为什么这样做，就事论事，公正处理。我每天很早到校，然后到班里找个别出现状况的孩子谈心，很多问题总能在谈心结束后得到解决。不需要批评，不需要惩罚，也不需要用老师的威严强压，我很注意站在孩子的立场思考问题，孩子为什么发脾气，推倒书桌？为什么打人？先听听他们怎样讲，把委屈倾吐出来后，孩子的情绪就能渐渐平复，这时才跟他们讲这样冲动的行为会出现什么不良的后果。一般情况下，孩子会感到愧疚，再启发他们思考如何弥补过错，教育他们以后出现同样的情况应该如何处理。青春期的孩子很要面子，大声训斥往往激起他们的逆反心理，顺势而导，多一分理解和包容，孩子就能与你打开心扉，推心置腹地交流，共同解决问题。美国家庭治疗大师萨提亚说:“当孩子确实有错误需要纠正时，充满慈爱的父母通常会采取很坦诚的办法，询问原因，倾听孩子的心声，给予关爱和理解，同时体会孩子的感受。最后，利用恰当的时机，在孩子自然地想倾听时才给他们讲道理。”

第二，男孩归爸爸，女孩归妈妈。

武志红在《为何家会伤人》一书中提道：“孩子先向异性父母靠拢，并从这一关系中吸纳异性的力量，体会到自己对异性的吸引力，同时体验到异性对他的吸引力。然后，男孩跟着爸爸走向男人的世界，女孩跟着妈妈走向女人的世界。”所以，青春期的男孩要归父亲，青春期的女孩要归母亲。对于这个观点，我深有体会。儿子以前与我非常亲近，生病的时候，受伤的时候，受到挫折的时候，他总会黏着我，向我求助。然而，进入青春期后，他有意识地与我保持距离，而他变得越来越崇拜爸爸，并且在无意识中效仿爸爸。这次期中考试，他的成绩一落千丈。我们不明白到底发生了什么事，于是与他展开了对话。他说着说着，竟然哭起来，才知道因为爸爸最近出差三个星期，让他感到被抛弃了。可见，爸爸在一个青春期男孩子的心中有多么重要。其实，父母在身边的时候孩子似乎没有感觉，还常常与父母斗气，但只要不在身边，这个心灵港湾就如同缺掉了一块，海水从这个缺口涌入，孩子没有了安全感，复杂细腻的情感变化顿时涌上心头。

所以，教师要与家长做好沟通，利用家庭教育讲座或微信群向家长传达父母的性别角色对青春期孩子产生的深远影响，帮助家长认识到自己的优势，继续恰如其分地陪伴、关心与鼓励，让孩子产生归属感。

第三，发挥朋友圈的正向影响力。

青春期的孩子在思想上有强烈的脱离父母的愿望，他们有了心事，宁愿与同伴倾诉，也不愿意与父母分享。你若问他为什么不向爸爸妈妈敞开心扉，他们大多会耸耸肩，然后酷酷地说：“我们有代沟。”为什么孩子会觉得有代沟呢？因为很多父母与孩子沟通，首先谈学习，然后进行说教，这都不是孩子喜欢的。他们对父母关注的事情往往不感兴趣，甚至有意背道而驰，比如爸爸喜欢哪个明星，他们就故意表现得很不喜欢。

孩子的这一心理特点，决定了这个时候对孩子影响最大的也许不是父母，而是他的同伴。在孩子 10 岁以前，他们没有选择朋友的意识，跟谁也能玩在一块，刚刚才轰轰烈烈地打了一场架，现在已经在游戏中玩得不亦乐乎，显得亲密无间。可是随着年龄的增长，大概在 12 岁，孩子就有选择意识了。他们会选择与自己兴趣、爱好、价值观相同的朋友走在一块，形成朋友圈。这时候，班里开始形成几个稳定的朋友圈，而朋友圈的言行还在耳濡目染中高度一致。

所以，在 10 岁以前，父母应开展交往教育，并密切关注孩子的交友情况，进行合理的引导。如常在孩子面前表扬他朋友的优点，既让孩子觉得有面子，同时引导孩子学习朋友的长处。倘若孩子已经与“不良”孩子混在一起，并发生改变的时候，可先鼓励孩子发挥自身的正能量的作用，帮助他的朋友改正缺点，共同进步。如果还是无法改善，父母要适当干预，减少孩子的负面影响。适当地组织家庭聚会，与价值观一致的家庭多互动，给孩子交往营造良好的氛围。而学校也应该组织丰富多彩的团体性的活动，让孩子找到志同道合的朋友。

第四，切忌贴“标签”。

青春期是孩子具有强烈探索世界欲望的一个特殊时期，也是人一生中最具有可塑性的阶段。在对孩子进行思想教育时，切忌给孩子贴“标签”，给予终结性的评价。我处理过一宗学生骂老师的事件，该老师非常恼怒，认为学生已经不再尊重老师，道德败坏。我找到这个学生做思想工作，他握紧拳头，怒目圆睁，什么也听不进去，甚至认为我与那个老师是一伙的，又与我展开激烈的争辩，尽管之前他还是一个非常黏着我、信任我的小男生。最后，我请家长把他接走，让他冷静了一晚以后，再请家长、他和我坐在一起心平气和地还原事件，分析事件，这时他竟变得非常谦虚，还向我们鞠躬道歉。所以，当青春期的孩子控制不了情绪，做出了出格的行为时，不要给他们扣上“道德败坏”的帽子。罗伦思·史坦伯博士认为，大脑不是一下子就被塑造好的。脑部的各个系统会在不同的阶段成熟，其中掌管自我调节的系统的可塑期是最长的。老师应以发展的眼光评价孩子，耐心教导，哪怕孩子在短时间内无法改正缺点，也不要放弃孩子会变得越来越好的信念。

男子汉教育

那一天，我担任广州市青年教师阅读教学大赛评委，共听了六节课，都是女老师执教的，又多是中低年级。女教师都很漂亮，细声温柔，声音甜得不得了，动作娇得不得了。听课期间，忽然发现有几个男生竟学得有模有样，朗读的时候变腔变调，扯着嗓子，柔得像小女生。唉哟！男孩子怎么被教成这样？与旁边的评委老师细聊这个发现，对方发出同样的感慨：小学老师阴盛阳衰，祸及男孩子啊！

教师队伍阴盛阳衰的情况历来比较严重，在幼儿园，几乎见不到男教师。《国家教育督导报告（2008 年）》显示，女教师比例远高于男教师，尤其是东部女教师比例高于中西部，城市女教师比例高于农村，特别是城市小学女教师的比例高达 79%。

《齐鲁晚报》的一份济南历城区的调查显示：在省城的 10 所小学中，小学男女教师比例达 1∶10。其中，山东师范大学附属小学共有 51 个班，没有一个男班主任。农村也很严重，据新华网报道，农村地区有些地方男女教师比例接近 1∶9。男孩的性格会在 14 岁以前基本定型，由于每天与大量女教师、女同学接触，且很多家庭中父亲忙于工作，男孩由母亲抚养，在以女性为主导的环境中成长的男孩容易女性化，处处表现出阴柔之气。正如前文提到的那几个男孩子扯着嗓子，娇滴滴地读书。

有些女教师平常说话很正常，但是一到课堂或者发言就变了样。我有一次参加市级的大型会议，会中一位小学女校长做报告，她一开口，我皮肤上的毛孔张开，汗毛一根根地竖起来，总觉得这调子怪怪的，娇情不自然。旁边一位曾在小学任教过的中学老师凑过来在我耳边悄悄地说：“小学老师是习惯这样讲话还是故意这样讲的，把我们都当成小孩子了。”

我打断她："不是所有小学老师都是这样的。"

她说："我刚进入学校工作时是教一年级，一节公开课后，评课老师说我不够温柔，对一年级的孩子要细声慢调，带点儿化。我琢磨了很久，什么是儿化，后来知道就是声调夸张，抑扬顿挫，大概就是这样吧。中学不需要这样，平常用什么调说话，就用什么调讲课。"

也许有些女老师认为用这样的语调与小孩子沟通会更容易让孩子接受，久而久之形成习惯。久而久之她们也忘记了，她们无意中给男孩子传达了过于饱满的娇柔，男孩子的阳刚之气就更退化了。

现在越来越多男孩的体质和气质不像男子汉了，而男孩子的发展落后于女孩子。首都师范大学心理学讲师李文道博士指出：从生理学的角度来看，从上学开始的那一天起，男孩在读写能力发育上就比女孩晚许多。在整个小学阶段，男孩的生理发展和心理发展总体落后于女孩。一项研究表明，5 岁男孩的大脑语言区发育水平只相当于 3 岁半的女孩，男孩甚至连手指神经都比女孩发育得晚。这发育上的差异往往使男孩被视作愚笨。而当前的教育环境和考试制度更有利于女孩的发展，抑制男孩的发展。在小学里，当班干部的、获奖的、成绩突出的多是女孩子，违反纪律的、上网成瘾的、成绩差的又多是男孩子。男孩在学校的整体表现都落后于女孩，男孩子就像蒙着尘埃的珍珠，我们期待他褪去外面的一层，展现他光彩亮丽的一面，他却像短路了一样，接收不到信息，依然旁逸斜出地慢慢成长，脱离了人们期待的轨迹。

男子汉教育是校园遗忘的一角，请行动起来，挽救男孩子。为了男孩子的发展，让我们做出让步和改变。

在教师队伍阴盛阳衰难以短期解决的情况下，占师资队伍 79% 的女教师在温柔、细心、耐性上做个加法，加上坚毅、勇敢、阳刚。少一分矫揉造作，多一分干脆利落，少一分胆小犹豫，多一分果敢坚强，因为你的言行举止都落进男孩子的眼里。在班里，请在男孩子身边树立男子汉的典型人物作为如何成为真正男子汉的榜样，鼓励他勇于承担责任。积极举办篮球、足球等对抗性的比赛，既培养男孩养成运动的习惯，又让男孩在运动中增强自信，逐渐获得成就感，塑造他们勇往直前、永不放弃的性格。班会课上可经常组织男孩子分享成长的经历与经验，培养男孩的归属感，促进男孩对自己性别角色的认同。

“他山之石，可以攻玉”，男子汉教育可以借鉴澳大利亚，他们早已意识到中小学中男孩的学业成就明显落后于女孩且差距日渐扩大的问题，并实施“男孩成功”行动、“男孩教育示范学校”计划以及资助相关的研究等。在他们的理念里，性别差异在教育中可能产生多种多样的问题，并通过不同的形式表现出来，班级应该关注每一个学生的教育需求，包括男孩和女孩，从而使每一个人都能够获得最大限度地发展其能力的机会。

现在男孩子的弱势受到人们的关注，但是具体如何扭转这个局面，仍有待探索和发展，男子汉教育能在校园里开花结果是万众期待的事情。

家校合作不能取代学校教育

这是听来的一个真实的故事。

女孩没有机会担任班级活动主持，妈妈问她为什么。

女孩说："你又不帮我准备主持稿和课件。"

妈妈不明白："这与我何干？"

女孩说："同学担任班级主持，都是家长帮忙写主持稿和准备课件的。只有家长这样做，孩子才能当上小主持。"

妈妈问："谁来定班会课主题？"

"家长定，你可以定'爱心''诚实'等。全由家长作主。"

听到这，我感到惊讶与失望。自己当班主任时，对班会课尤为重视，因为班会课是对学生开展教育活动的主阵地。所以，每次班会课，我都会以这段时间班里出现的问题或社会出现的教育性的话题确定班会课的内容，然后组织学生主持、策划游戏、排练节目等等。在班会课上，我常常进行总结性谈话，把我的教育思想传达给学生，有时讲到动情处，总有那么几个学生眼神发亮或是热泪盈眶，我感到学生的思想在拔节，他们在悄悄地长大。我从没想过需要家长来策划组织。有多少家长具有相关的教育教学能力组织一场能教育全班学生的主题活动呢？家长没有专业的教育教学技能，他们还需要学习教育理论。如果单纯以家长为孩子写写稿，做做课件，就给孩子一次展示的机会，我觉得这样做就是牺牲了全班学生受学校思想教育的机会，换来一个孩子表演的舞台，这对于正在成长的孩子们而言，不妥！而且，这已经取代了班主任应该要做的教育工作。

现在，我们常言家校合作，而家校合作的意义不是家长为班主任干活，它是家庭教育与学校教育的合作，共同为孩子营造合适的成长环境，接受理念一致的教育。我们来看看其他国家的家校合作是怎样做的：

在美国，家校合作的内容和形式大致有：家长与学校协作，为学校提供帮助和支持；家长帮助孩子学习；家长参与学校有关政策和制度的协商及制订；家长与社区合作，促进学校教育方案和家庭教育活动的实施。

在法国，学校把家长当成“伙伴”请入学校，使他们能够更全面地了解孩子在学校的情况，让他们更具体地了解到他们在孩子成长过程中所担当的角色的重要性。

在日本，几乎所有学校都成立有家长委员会。外来人员参观学校，都有家长参与接待，学校的一切事务都由家长参与来进行。

在韩国，学生家长每月都要到学校值一次班，早上 6 点到校，学校食堂所卖的饭菜是不是新鲜、是否搭配合理，都要监督，甚至连学生吃饭时的分饭工作都有家长参与。

——陈中梅《家校合作是现代教育的必然选择》

我国已经探索了很多家校合作的成功做法，如：开办家长学校，利用优秀家长的榜样作用，推广成功的家庭教育经验；家长参与社团活动，发挥家长的专长，拓展学生兴趣面；参与学校亲子活动，如义卖活动、捐款活动、亲子运动会等；成立家长义工团，协助学校管理；设置家长督学，参与学校办学方面的决策工作。

从国内外的家校合作的内容和形式来看，家长在合作中的角色是协同、协作、监督、促进。整合家长的资源，互惠互利，通过合作使学校共性化教育与家庭个性化教育达到最佳结合，从而促进孩子的发展。但是，家校合作不能代替学校教育。如果需要家长直接参与到教育教学工作中来，则必须进行相关的专业培训，以保证孩子受教育的质量。

故事中的女孩知道妈妈不会包办一切，因为妈妈对她说：“当你有了想法，又可以担任活动主持时，你可以找我帮忙，我来当你的助手，但仅仅是助手。”她也知道自己暂时还没有能力策划一场班会活动。于是，她选择当观众。

家校合作培养孩子的内省能力

美国哈佛大学教育研究院的心理发展学家霍华德·加德纳提出的多元智能理论,人的智力包括七个范畴:语言、数理逻辑、空间、身体－运动、音乐、人际、内省。他指出内省能力的人更能从各种评价中了解自己的优劣,规划自己的目标,进行自我选择。优秀的政治家、哲学家、心理学家、教师、企业家都有很强的内省能力。

曾子曰:“吾日三省吾身,为人谋而不忠乎?与朋友交而不信乎?传不习乎?”这句话至今影响了我们两千多年,提醒着我们做人要省身、慎独。

而我们的孩子恰恰缺少内省能力,更有甚者,连内省意识也没有。

在日常生活中,我们常遇到这样的情况,孩子犯错了,常把罪过推到别人身上。

“是他先推我,我才打他的。”

“老师,他影响我……”

有时候,为了逃避责任,编个谎言,把问题一推,仿佛事不关己了。(注意:年龄越小的孩子,越难分清真假。)

现在的孩子在家里特别爱宠,家长总怕孩子受委屈、受欺负,发生了矛盾,就不分青红皂白地站在孩子的一边,于是抑制了孩子内省能力的发展。

怎样才能培养孩子的内省能力?以一次考试的成绩单为例,逐步训练孩子内省。

第一步,教师引路内省。每次测试,我会把试卷的考点分类成“字体、生字、背诵、课文常识、词语、句子、口语交际、阅读、作文”9个知识模块,当学生的试卷评改完毕后,根据学生的答题情况,查找学生的知识盲区

（知识漏洞），最后反馈给学生。

表 2–1　五（2）班第一单元语文测验知识盲区分析表

学号	姓名	字体	生字	背诵	课文常识	词语	句子	口语交际	阅读	作文	总分
1	黄 **	×	×			×	×		× ×		
2	徐 **										
3	林 **	×	×			×		×			
4	……										

注：“×”表示该知识点掌握情况薄弱，“× ×”表示该知识点掌握情况严重薄弱。

为指引学生进行内省，让他们发现自己的问题，学习解决问题的方法，我制订了一份“反思与调整”自我分析表。

表 2–2　“反思与调整”自我分析表

知识盲区	薄弱原因	补救措施
字体	字体马虎	认真写字；练好字帖
生字	没有重视家庭听写；课堂听写出错后没有及时补记	家长应督促孩子做好家庭听写，掌握生字词
背诵	没有做好家庭默写；课堂默写后没有及时补记	家长应督促孩子做好家庭默写
课文常识	对课文内容不熟悉	一定要做好预习的“读书 2 次”；做好课堂笔记
词语	四字词没记牢；理解词语和辨析词语的能力不强	注意积累课文的近义词、反义词、多音字；做好读书笔记，积累好词
句子	没有掌握转述句，不知如何修改病句	课堂上注意听讲
口语交际	没有写清楚原因	口语交际时要做到清楚地表达自己的观点
阅读	理解词语能力不强；带着问题从短文中找答案的能力不强；理解句子的能力不强；审题能力不强；回答问题不够具体	认真做好预习作业、练习册上的阅读题、睡前 30 分钟课外阅读；上课留心听老师讲解答题技巧，掌握理解和表达的方法

（续表）

知识盲区	薄弱原因	补救措施
作文	错别字多，语句不通顺；字数不够；不懂得用学过的写作方法进行表达	加强背诵（课内和课外资料），丰富自己的语言材料，尽量做到出口成章；继续思维导图训练，打开思路，促进想象力的发展，使内容充实

第二步，家校合力培养内省。小学生的内省能力很差，最主要的原因是不知道从哪方面入手。虽然有“反思与调整”自我分析表指引，但是教师不能兼顾到每一个孩子的内省情况，这时候，家长的力量非常重要，教师与家长要建立亲密的合作伙伴关系。由家长根据指引与孩子交流，让孩子反思近段时间的表现、知识盲区、内心的困惑以及期望的目标。在家长的帮助下，发现问题，寻找解决问题的方法，确定下阶段的学习目标。

我的反思与调整

班级：________　　姓名：________

1. 根据“反思与调整”自我分析表，对照自己近段时间的表现写下反思。

（1）我进步的表现有：________

（2）我退步的表现有：________

（3）我退步的原因是：________

（4）下阶段我这样调整：________

2. 家长评语。

____

第三步，家长引导孩子内省。孩子经历了多次的内省指引，内省的意识建立了，内省的思考模式产生了，教师和家长方可鼓励孩子独自内省。亲密的、信任的交谈还是很重要，倾听是孩子内省的催化剂。

以下是一位家长与孩子的内省交流对话：

“妈妈，我的数学考砸了。”

“哦，没关系，你把错题订正了吗？”

“嗯，订正了。”

“把错题解释给我听，让妈妈也学习。”

“第一题的解题步骤是……”

“回想所有的错题，你的问题在哪？”

“我的问题主要是计算时漏了小数点，或没有进退位。还有对方程运算思路不熟悉。”

“下阶段怎么办？”

“漏了小数点的问题以后注意一下就可以了，我得专攻方程问题，我打算……”

一个缺乏内省的孩子是难以正确地认识自己，很难对事情有正确的分析能力和处理能力的。内省要求孩子由他律转变成自律，不断地修正自己，促进自身的发展。所以不能轻视孩子内省能力的培养。

宜疏不宜堵

这个班，女生娇弱怕事，男生异常活跃，精力充沛，一刻也不能停下来。一下课，他们就跑出教室，三五成群地玩闹起来。他们最爱玩的游戏是追逐，也许只有这样，他们才能释放满满的精力。然而，学校对安全教育抓得特别严，绝不允许孩子在走廊上追逐。这可苦了我这个班主任，我天天提醒孩子：在走廊上不能跑，不能追。哄过，声色俱厉地教育过。后来，干脆上语文课时提前进课室，下课时蹲在课室，盯着。

意想不到的是在学校的例会上，负责安全的书记又一次点名批评："你班里的男生总是在走廊上跑，很容易撞到同学，也容易引发群体踩踏事件，完全没有安全意识。"我纳闷：不是盯得紧紧的吗？孩子的课间活动循规蹈矩的，哪有跑呢？

第二天，我突击察看。果然如书记所说，他们又在走廊上追逐了。我心中徒然腾起一团火：这班小家伙在我面前一个样，背后又一个样。完全没把我的话放在心上，你看，连我派出去的"警卫员"也经不住诱惑，在人群中追得欢。此时，铃声响起，我知道要是此时处理问题，必将影响数学课。于是，我调整情绪，一言不发地回到办公室，脑海里一直在酝酿解决问题的办法。

看来，用"堵"的方法不行，得另挖疏通的渠道。

下午，上语文课。我走上讲台，定定地注视着同学们。待全班安静下来，我说："告诉你们一个坏消息。"我故意停一停，沉重地说："在昨天的会议上，我们班被点名批评了，因为我们班的男生总是课间在走廊上追逐，造成了安全隐患。"

"哦……"孩子们面面相觑。

我说："经常追逐容易发生安全事故，学校为了同学们的安全，要对我们班进行批评教育和在文明班评比中做扣分处理。如果情况再严重下去，会考虑在一段时间内减少同学们课间活动的时间。”

“呀！！！”孩子们如同炸开的油锅，有的与同桌低声抗议；有的像面临世界末日般趴在桌上无精打采；有的噘着嘴，跺着脚，发泄自己的不满……的确，对于一群天性好动的孩子来说，最重的惩罚莫过于不能玩，这比坐牢还难受。意识到后果难以接受，他们才愿意正视问题，进行调整。

“发生这样的事情,老师也很难受,怎么办呢？”我把问题抛给孩子。

“以后谁敢再追逐，我来阻止他。”一个男生义愤填膺地冒出声来。

“老师，能不能罚他们写检讨书，这样他们就不敢追了。”有女生提议。大部分孩子还是沉默，沮丧。

我说：“我想到了办法。”孩子们抬起头，满眼期待地望着我，我突然觉得自己的魅力不错。“学校有 1000 多个人，如果所有学生都在走廊上跑，必然容易造成碰撞，走廊确实不宜追逐。如果你们想玩这个游戏，能否换个场地，到操场上玩？这不是玩得更尽兴吗？”

“可是，操场太远了。下课只有 10 分钟。”

“我们就换一个游戏吧。这个游戏不需要追，于别人不会造成伤害，同时又很有趣的。”

下午，我发现他们换了一个游戏：几个男生围成一圈，拍几下手，原地蹦几下，之后唱着不知名的歌谣。然后，越来越多人玩这种游戏，在室内玩，在室外几平方米的走廊上玩，玩得兴致勃勃。又跳又唱，有几个小孩已经出汗了。这游戏不错，既没有安全隐患，又健康、有趣。

追逐事件就这样解决了，可是，教育事件从来都是花样不断地出现。孩子毕竟是孩子，他们有他们的语言和行为规则，教师要了解他们的心理，走进他们的世界，用最让他们接受的方式解决问题。若总是批评、禁止，孩子自有应付你的招数。所以，面对孩子，宜疏不宜堵。

换一种教育方式试试看

与几位老师谈教育，老师吐槽城里孩子的种种叛逆，家长对孩子的期望值高，对老师的要求也高，有时候得理不饶人，诸多刁难，导致老师们胆战心惊，步步为营。而在几天前，我也与另外一群老师谈教育，他们则吐槽乡里的孩子没教养，家长为生计对孩子疏于管教，留守儿童普遍存在，导致老师独力难支，孤掌难鸣。

看来，虽然地域不同，但现象是一样的——学生“难教”。苏霍姆林斯基的《教育的艺术》中，“尼古拉”“高里亚”的案例出现了三次，而且每次的教育内容是不同的。这表明，尽管是著名的教育家，他的学生也有顽皮的、叛逆的、屡教不改的。因而，问题学生是没有地域、时空的界限的。在教育教学工作中，老师常常因遇到复杂的学生、复杂的问题而沮丧懊恼、焦头烂额、火气攻心 。我就最怕火气攻心，情绪失控。情绪失控的女人最面目可憎，声音高八度，叉着腰，瞪着眼，气势汹汹，把所有的窈窕淑女的善感和美感都赶跑了。而且愤怒的时候就等于在身上装了一个抽水泵，抽掉你的精力，生气过后，人特别特别的累。一次，我外出学习七天，原来就比较顽劣的班级又恢复了原样。天天都有学生不做作业，连预习也忘记了怎样做；班级清洁一塌糊涂，天天都有值日生溜走；看一看课堂评价表，科学课、数学课都被评为良，说明有几个调皮的又开始“造反”了；隔三岔五就有打架的报告，幸好，在我还没处理之前他们已经和好了。我每时每刻都在急着整顿：先抓纪律，再抓作业，又找几个调皮蛋“算账”。焦灼中，我感觉我与泼妇没两样。另一个我站出来喊着：“ 不！我不要做这样的老师！ ”于是，我调整心态，换一种教育方式解决问题。

语文课上，我在黑板上画了一个自画像。

我对学生说："老师很爱美，你们看老师是不是每天都打扮得花枝招展的？"

学生笑了，异口同声地说："是！"

我说："对女人来说，每发一次脾气就等于在脸上刻上一条深深的皱纹。"学生又笑。"在这几天里，我几乎天天都在发脾气。你们好好想想，老师为什么发脾气？"

学生很聪明，争先恐后地说："我们没有完成作业。""我们不听话。""我们上课不听讲。""我们排队不守纪律。"……

学生每说一项，我就在自画像上画一条皱纹。最后，我问学生："你们看，老师现在变成什么了？"

"老太婆！……"学生哄堂大笑。

"我多么希望每天能与同学们融洽相处，一看到同学们就高兴得不得了，就像吃了蜜糖一样。而且每天都能听到科代表对我说：'全班齐！'"我模仿科代表的语调，又引得学生一阵笑声。"明天，能让老师开心一天，美丽一天吗？"随后，我用力地把皱纹擦去。

"好！"学生们不约而同地鼓掌——真不明白，这时候还鼓掌。

人是很复杂的个体，同一种教育方法运用于不同的人身上会产生不同的回响，即使同一种方法运用在不同时期的同一个人身上，得到的效果也是不一样的。所以，教育是具有创造性的工作，它需要你不断地变换法子应对层出不穷的状况。只要你作为一名教育工作者，它自然而然逼得你为一个个学生绞尽脑汁。假如一位老师从来没有为他的学生思考过教育问题，为学生的事情揪心，那么，他充其量是个"南郭先生"。

最后，我用谈判的方式与学生和解了，班级秩序恢复正常。

不要培养“乖”孩子

有位家长向我反映：“孩子上学经常受到欺负。”有一次孩子放学回来，他的脸上赫然趴着一条长长的划痕，像一条狰狞的蜈蚣。家长问孩子：“为什么不告诉老师？”孩子说不敢，那个同学比他高大。

班里总会有一两个这样的孩子，特别“乖”，对谁都谦让有礼。哪怕是被欺负了，也不敢反抗，不敢吭声。等到事情被发现时，已经过了好长一段时间。

班里进行过一项调查：如果孩子被欺凌，家长怎么处理？有的家长说：“打回去。”有的家长说：“告诉老师，由老师处理。”当然也有家长这样告诉孩子：“打回去，一定要打赢！”

孩子被打，要不要打回去？中国公安大学犯罪心理学专家李玫瑾教授在《开讲啦》节目被问及这个问题，给出了回答：“肯定会啊！”李玫瑾教授还拿自己孙女举例，孙女在幼儿园被小男孩抱起又摔下。李玫瑾教孙女：“可以揪住对方耳朵，直到对方放手。”我支持李教授的观点——自己打回去。因为在儿童群体里，常被打而不还手的孩子将越来越没有地位，当他在群体里没法立足的时候，谁都有可能欺负他。这样的孩子会变得越来越自卑、懦弱。有些家长一听到孩子被欺负，就跳起来了。有的到学校找老师投诉，有的要对方家长赔偿。总之，不能让自己的孩子吃亏。这种做法也不一定能帮助孩子，最好的做法是班主任和家长合力教导孩子自己解决问题。

哈佛大学著名心理学教授鲍里斯·塞德兹博士提出循规蹈矩地培养孩子，处处限制他，使其从小在一种压抑的氛围下成长，长大之后多半会成为庸才。庸才都有相似的特征，他们很听话，唯命是从。他们一味地接受别人给他们的东西，毫不怀疑，更没有自己的想法。这类型的孩子，你遇到过吗？

我带了很多个班，当教研员时往各所学校跑，接触了很多这类型的孩子。他们以女生为多，非常安静，上课也很少举手发言，发言的时候声音特别小，生怕吐错一个字。他们什么事情都随大流，常把“随便”“好的”挂在嘴上。你若问他们还有什么不同意见，他们腼腆一笑，不吭声或借口躲开。当然，这些孩子因为很听话，会按部就班地完成老师和家长的指令，所以成绩一般不错。有些老师特别喜欢这类孩子，省心省力。有些家长会以这样的孩子为荣，听话懂事。这许有了这样的评价标准，“乖”孩子的数量不少。

“乖”孩子一定好吗？

2014 年 4 月 16 日韩国“岁月”号客轮沉没事件给了我们沉痛的教训。当客轮发生严重倾斜后，在救援船与“岁月”号相距 50 米，只要从客轮上跳下就能得到救援的情况下，300 多名学生中的大多数仍然按照船方指示待在原地，最终与客轮一同沉没；一些没有听从指示的学生反而因此获救。可见，循规蹈矩、习惯听话的孩子在复杂的社会环境中，在激烈的竞争中是处于弱势的，因为他们不敢质疑和挑战，盲目地服从。

我们的教育不应该把孩子培养成听话的“小乖乖”。这是一个信息爆炸的时代，孩子要适应它，就得掌握判断信息的能力。孩子需要了解什么信息，哪些是有用的，哪些是无用的，怎样去验证它，怎样运用它。不是所有孩子都能批判性地分析、思考，并给出自己的看法，因此，这方面的培养尤其重要。

曾看过樊登录制的纪录片《世界的孩子》，樊登实地探访赴美留学高中生真实的学习生活，其中一个片段是他实地参与美国高中的“圆桌教学法”，即学生围坐在一张桌子前，老师与他们交流，通过一种类似开会的方式引导他们，鼓励每个学生发言，老师和学生一起交换信息和想法。“圆桌教学法”已经在美国普及，它提倡的是在对话和探讨过程中培养思辨、逻辑思考和判断能力。圆桌上那一张张年轻而有活力的面孔，绝对不是我所接触到的“听话”的面孔，每一个学生都在思考，积极交流，学生不是被动地接受知识。他们很少重复别人的想法，而是在质疑和辩论中清晰地表达自己的观点，获得教科书以外的东西。这样的孩子更具有竞争力！

我向来喜欢与“小野马”打交道，在确保孩子遵守基本规则的情况下，我有意识地给他们创造争辩的机会，鼓励他们发表真实的想法。这些做法，在分数上占不了优势，还培养了时刻挑战老师的孩子，给自己带来推陈出新的“刺激”，增加了教育教学的难度。但是，这样的孩子才是最有灵气，最有生命力的。

花开的声音

带一个班的工作真是劳心劳力的，他们心性未定，各有想法，每周都有不同的故事发生，这个故事发生在2009年的秋天。

我班的学风如同一株萎靡的干草，没有向上的精气神。自开学以来，每天都有学生欠交作业。我天天抓：留堂、批评、告之家长、写检讨书，招数越来越"毒"，效果却不明显。

周二的托管课，我干脆不辅导了，站在讲台上狠狠地问："你们到底是为了什么而读书？"学生呆呆地望着我，没反应。估计这问题，其他学科的老师已经问过了。我思忖片刻，缓缓地，声音像老人一般的沉重，说："如果不是本地户口的孩子，要经过考核，成绩过关了，我们这里的学校才乐意接收。相信我们当中也有同学的姐姐或哥哥经历过了，是吗？"学生点点头。"我们班拥有本地户口的只有四人，其他的同学都来自五湖四海。这就意味着你们在进入中学前要再接受考核。你们有没有想过，假如你们是因为成绩不过关，而被心仪的中学推出门外，你们该怎么办？"学生齐刷刷地看着我，眼里满是迷惘和困窘。我突然想起毕淑敏写的《啊，原来你是一只老虎》一文中提到的从中国移民至美国的孩子，他们难以融入美国主流社会，在边缘上挣扎的情景。我感觉他们似乎有相同的迷惘，相同的埋藏在内心深处的自卑与焦虑。教室异常安静，只听到风扇扇动的声音。我在黑板上写道：假如我上不了心仪的初中，我怎么办？"请同学们在原稿纸上写一写。"一学生扬起脸，犹如发现了新大陆："我可以回老家读。""你愿意远离父母，孤零零地回老家读书吗？"我说，"你愿意你的父母放弃辛苦创立的事业，陪你回老家吗？"我的话戳中他的要害，他低垂着眼帘，嘴里再也吐不出一个字来。

同学们静静地写着，有的写道："要是上不了初中，我就自学，起早贪黑，把知识一点一点地积累起来。”我附在他耳边悄悄地说：“你现在连作业也完成不了，将来如何做到‘起早贪黑’地学习呢？”有一学生写道：“假如这所学校不要我，我的爸爸妈妈会托人帮我弄到其他学校的。”这个学生很富有，教师节的时候，他妈妈要塞一个“大信封”给我，被我断然拒绝了，所以我绝对相信，他不需要努力读书也能进入初中，毕竟有很多私立学校。我摸着他的头，又悄悄地说：“你忍心让你的父母为了你四处奔波吗？”他的脸瞬间僵硬。几秒后，教室里传出啜泣声，他哭了。四周的同学发现了，偷偷地笑，小声地议论，但渐渐地，同学们又安静下来，他们神色凝重，静静地思考，静静地写。我没有制止这哭声，更没有安慰他，企图让这哭声连绵不断地从他稚嫩的心房传出，传到每一个学生的心房里，并化作幽灵把学生心中的五彩板涂成灰色。请原谅老师的残忍，老师也知道绚丽的童年是多么美好，可是当老师发现学生正像野马向悬崖飞奔的时候，我不得不勒住缰绳，让他们冷静。而灰色恰恰是一服镇静剂，它把现实摆在面前，学生不可能对此无动于衷。

时间艰难地划过，当同学们都写完了，我把题目擦掉，郑重地写上：“不是猛龙不过江！”我说：“你们的爸爸妈妈都很能干，他们离乡别井，无依无靠，却凭着自身的勤劳、勇敢、智慧在这里闯出自己的事业，并占有一席之地。他们是真真实实的过江龙！我很佩服你们的爸爸妈妈！”话声刚落，学生们马上挺起胸，昂起头，脸上露出笑容。“你们的爸爸妈妈是过江龙，那么你们就是过江的小龙，你们定是已经继承了父母的勤劳、勇敢、智慧了吧？”他们铿锵有力地回答：“是。”“希望在以后的日子里，你们能用实际行动证明你们不平凡，用实际行动努力读书，以优异的成绩考上自己向往的初中，为自己、为父母争一口气。行吗？”“行！”声音洪亮，我听出那是沉睡已久的自信在回响……

周三仍有三个学生没完成作业，但他们在科代表还没报告情况之前，就来主动承认错误，并解释是把预习做到书上了，会抓紧时间补回来。周四有一个，周五全班交齐。

我们常常逼着学生学习，把学生逼得紧了，他们就忘了为谁而学，不知道学习的意义在哪，因而在学习的路上恍恍惚惚地游走。而且，他们还跟老师、父母玩“躲猫猫”，花时间玩电子游戏、看电视……我们的批评惩罚反而让他们躲得更严重。唯有让学生们悟到读书的意义，产生对未来的美好憧憬，激发他们产生要成为最好的自己的愿望，学习的热情才能持久。

新教师入门：一年级班级管理

应朋友的邀请，我给教师们做培训讲座。讲什么呢？他们学校是新创立的，老师全部是新的，学生也是刚入学（一年级）。所有硬件、软件，所有的制度、秩序都在全新的土地上长出来。老师们从大学出来，经历重重筛选，过关斩将，最终踏入小学的大门。新老师对新学生，大孩子对小孩子。一年级的小孩没有规矩意识，甚至还不敬畏老师，更多时候把家里小皇帝的姿态带到学校。一个班 46 个学生对新老师而言是何等的挑战，以至于老师们脸上挂着满满的问号与无措。于是，我决定把教育教学理论砍掉，跟她们直接讲“招数”，让她们可以直接拿来应付眼前的问题。

我平静地对她们说：“你们刚从大学出来，接受了教育教学的专业知识学习，想必大学给你们灌输了很多关于教育的光辉唯美，例如，成为人类灵魂的工程师，做影响人类进程的事业。人的成长就如同指向蓝天的大树，叶子油光发亮，绿得耀眼，充满活力。可是你们知道这生命力是源于哪里吗？”“大孩子”惘然，摇摇头。我按动课件翻页笔，翻出下一页：“是根部，泥土的下面，没见着阳光的部分。只有根部吸足水分，才能滋养树冠展现它的阳光与活力。而你们在学校学到的就是树冠部分，在工作中碰到的困难就是树根部分。不要害怕它。要认识它，接受它，挑战它，克服它，才能使你们成长。”

我继续翻动课件，这是我用岁月沉淀敲出来的文字：“你不得不接受一个事实，教育没有一劳永逸，而且经常有‘意外’。所以，不要与学生较劲，保持一颗平常心。”学生的成长是反反复复的，今天教育了，不代表明天就改正，他可能继续，还可能变本加厉。我曾狠狠地教训一个屡教不改的男孩，气急败坏地警告他必须完成作业。他转身沮丧地回到座位，正襟危坐地补做作业。看见他表现出极少恭敬的样子，我以为我让他觉醒了，然后调整自己因发脾气而不适的身体。忽然，在只有我与他的教室里，轻轻地传来哼唱声。他一边做作业，一边哼着，他的沮丧全然消失了，幸好他依然在写作业。那一瞬间，我明白了：很多时候，恨铁不成钢是一厢情愿的；很多时候，暴跳如雷是撼动不了迷途小熊的。那么，我为什么生气呢？我们老师应该向一些学生学习，挨批后，一转身又开开心心地照玩不误，老师能否也做到批评完学生以后，一转身心平气和地继续批改作业呢？难，但请你们试试看。老师没必要与学生较劲，没必要为学生的不长进生闷气。要知道，孩子是在错误中，在磕磕碰碰中不知不觉就懂了，然后不知不觉间长大了。不生气，不气馁，慢慢教。

我又翻开第三页，这是我从一次次碰壁的痛苦中敲打出来的文字："你不得不接受事实，你只是老师，也许你能改变的事情有很多，但是你不能改变的将更多。所以，虚心学习，带着思考去做改变，只为问心无愧。"学习是为了保持思想的活力应对推陈出新。社会在发展，家长对孩子的要求在提高，单是学校教给你的那点知识难以应对真实教育工作中的种种问题。我教书这么多年，还在坚持学习，因为学习能帮助我解开谜团，使我的视野不囿于一方，不至于思维定势。你们问怎样才能得到家长的尊敬，家长尊敬你绝不会因为你的老师身份，他们尊敬的是你的专业水平。你们现在难免青涩，但是必须要让家长看到你在学习、在成长、在努力。专业是教师安身立命之本，走在专业的路上孜孜不倦地前行，才能让你获得学生与家长的尊重，让你有尊严地教书。

讲到这里，我就开始解答你们在今后的工作将会中遇到的问题。

第一，如何备好一节课？

我教书多年，备课这一环节一刻也不敢放松。因为只有用心备好一节课，我才能自信满满。我对教材熟悉了，在启发学生的时候，我很清楚启发的点在哪，我的大脑能呈现引导的方向，从而不至于束手无策。在教学工作中，要处理学生问题、改作业、做杂务……这些事情往往冲淡了备课的时间，所以备课必须高效。备课时，我先熟悉教材，借助教师用书正确解读文本，当然，不能照搬教师用书，教师对文本也应该生成自己的解读，然后圈画出知识点和能力训练点。再估算学生的学习起点、学习难点。学生已经掌握的内容，哪怕文本多次出现，我也把它晾在一边，相反，学生第一次接触的知识点，我把它定为学习难点，我一定在这方面停留，琢磨怎样铺垫、引入、点拨、启发。基于以上的准备，我才确定教学目标，筛选教学内容，写教案。最后，根据教案制作课件。如果时间太紧，我就直接把写教案与做课件进行整合。当然，我建议新教师还是要认认真真地写教案，把自己的想法写一遍，印象更深刻，也是在修炼内功。

一节课就像一首歌曲，旋律高低起伏，轻重缓急，有主唱，有合唱，它千变万化，优美动听。在设计一节课时，教学方式是旋律，时间分配是节奏。一年级学生的有意注意只有 15 分钟，甚至更少，所以绝对不能用讲授的教学方式灌输到底。一年级的课堂要用学习活动推动，课堂节奏根据学生的心理特点及课堂的状态适时调整。在一般情况下，激趣引入环节（含新旧知识迁移）用 5 分钟；学习新知识，重难点突破环节用 15 分钟；练习巩固环节用 15 分钟；总结归纳用 5 分钟。（见图 2-1）

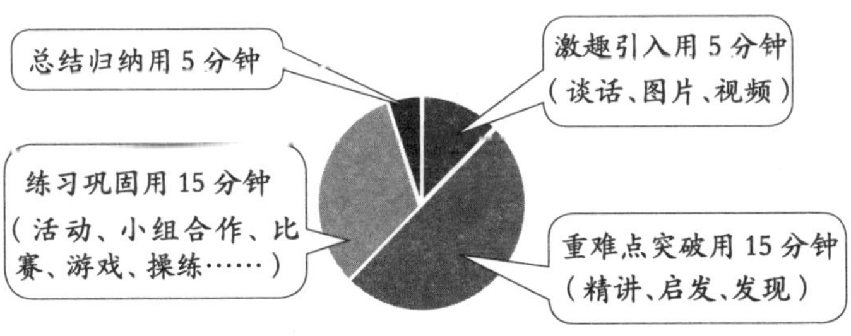

图 2-1　一节课的时间分配情况

第二，如何培养一年级学生的行为习惯？

一年级学生还没有脱离幼儿园那种以游戏为主的学习方式，他们保留幼儿好玩的特点，对学校的规矩不熟悉，学习从兴趣出发，随意性强，专注度不高。培养良好的行为习惯是一年级教育的主要内容。我建议利用口令、儿歌规范课堂学习行为，在班里开展“自我管理”的主题活动，把上课、回答问题、练习等具体的做法编成口令或儿歌，让学生唱熟，在日常的学习活动中强化熟练，最后形成条件反射——老师说前半句，学生背后半句，并按指令做好。以下是我常用的口令：

上课准备儿歌：

上课铃声响，赶快进课堂。书和文具盒，摆在课桌上。耐心坐下来，等着老师到。

放学儿歌：

下课铃声响，收拾好书包。整齐排好队，安静出校园。

上课行为口令：

一、二、三，坐端正。小眼睛，看老师。小火车，开起来，咕噜咕噜开起来。小铅笔，要休息，快快把它送回家。

第三，当学生进行学习活动（练习）时，你要干什么？

首先是巡查，尽量与学生近距离接触，让学生意识到你在关注他。其次是发现问题，要及时纠正。活动结束后，点评学生完成情况。

第四，当学生回答时，你要干什么？

用耳朵听，发现问题，启发、纠正，还要观察其他学生有没有听，提醒学生专心听回答的同学，准备补充或质疑。

第五，当学生在课堂上违反纪律时，你要干什么？

小问题应悄悄解决，从而不影响其他同学的注意力；挑衅问题则要尽早解决，让全班同学知道这是课堂上不允许的。

第六，当全班很吵时，你怎么办？

沉默，盯着最吵的学生；然后，点名批评吵闹的学生或表扬认真学习的学生；课堂安静后，了解原因，强调规矩。

第七，批评学生的度在哪？

密集式批评，其效果适得其反。批评与表扬的比例应保持在 1∶9 坚持正面教育。儿童对自己的评价，更多地依照别人，尤其是老师对他的评价，不能让学生把自己定位为“差生”。对屡教不改的学生先冷处理，再谈话教育，然后定下规则，最后严格执行。记住，不要以有色眼光看待学生，学生时刻在变化发展中。

第八，学生经常撒谎，怎么办？

研究显示，儿童说谎情况随年龄增长而变化。2 岁时，20％的儿童会说谎。3 岁时这一数字达到 50％，4 岁时接近 90％，12 岁时这一曲线达到顶峰，几乎每个孩子都说谎。16 岁时，说谎人数回落到 70％。且年龄越小的孩子，越难区分真假。研究人员说，孩童时代撒过谎并不代表今后会成为骗子，所以无须过于担心。教师要做好正面引导，告诉他们诚实的重要性和撒谎的严重后果，学生渐渐就会减少撒谎次数。

第九，如何控制自己的情绪？

生气时，不做任何事，让自己冷静下来；生气后，切换表情，通过改变表情而改变心情；下班后排空烦心事，留给自己一个宁静的空间。

第十，如何与家长打交道？

积极回应家长，表现自己的工作热情，让家长放心；经常转发家教信息，用前沿教育理念引领正向的家庭教育，提高家教意识和家教水平；直播学生参与活动的情况并附上活动意义；布置家庭作业，如让学生打扫家里的卫生，给父母做菜，给父母做感恩贺卡……教师应少投诉，多表扬，尤其不要在家长群发泄负面情绪；适时露本事，让家长知道教师的教学能力。

班级阅读：书墨飘香袅袅，读书身影绰绰

2008年，我到江苏省开展学习交流。那天，我走进江苏海门的金洲小学，当即被迎面扑来的浓浓的阅读气息震撼。长廊上贴的图片、挂的标语，在传递新生活教育的理念——让每一个学生都热爱阅读、艺术、运动、生命。班上的贴堂、墙边的图书角在展示学生的阅读成果，彰显着学生的学习活力。午间，我看到学生们疏疏落落地坐在课桌旁，聚精会神地阅读。我为之动容：文化已经渗透于校园的每一个角落，深扎在每一个人的心中。

于是，我脑中闪过一个念头：把这种阅读气息带回来，让我的学生也爱阅读，做个真正的读书人。

我这里的学生课余节目很多，上网、看电视、打球……然而，爱读书的学生却是凤毛麟角的。因此，要实施自己的想法如同要在茫茫的沙漠上植树，处处举步维艰。庆幸的是每年区发展中心都会开展“书香校园”的阅读活动，借这次活动的“东风”，我大张旗鼓地在班里干起来。

首先，我要建立班级图书角。我利用校讯通对学生家长说：“犹太人是世界上最聪明的民族，他们的智慧才干纵横世界的舞台。那是源于在犹太人的家庭教育里，他们认为知识是圣洁的，他们要求每个犹太孩子都得在书墨的浸润中成长。”我向家长们表达我要建设阅读班级、建立图书角的设想，争取家长们的支持。很快，图书陆陆续续地捐过来，不少同学捐五六本，其中，古晓英捐了18本书。我在讲台旁摆了两张书桌，将图书按类别摆好，安排了一位图书管理员。这就是班级的图书角，简单——书是唯一的装饰品；随意——没有规范的借阅制度，只要你愿意，可以随手拿起一本翻看；丰富——学生捐上来的书种类繁多，涵盖历史、哲学、文学方面，而且大部分的书他们比较喜欢看。

我倡导孩子们早到早读书。活动伊始，他们的自觉性还不理想，不但需要老师的思想教育，还需要老师的督促。偶尔有几个学生姗姗来迟，我总会询问原因，然后郑重地对他们说："又浪费了宝贵的阅读时间。"每天，我早早地进入教室，拿起一本书静静地读起来。学生们会意了，书包一放，作业一交，他们也拿起书静静地读。尽管室外声音嘈杂，不时有学生笑嘻嘻地经过，教室里却是不一般的宁静。学生们伏案阅读，专注沉思。教室仿佛是一个磁场，谁只要一走进，就会被吸引，然后像被催眠似的加入其中。

为了让学生们的阅读兴趣经久不衰，我在班里开展了丰富多彩的活动。如：阅读小演讲。每周我都安排一节阅读课。前 30 分钟是自由读书时间，后 10 分钟，我采用抽学号的形式，让学生们到讲台上进行 2 分钟的小演讲。内容不限，可推荐书目，可讲故事，可谈自己的读书心得。这 2 分钟的演讲任务对学生们来说，无疑是一种挑战，所以他们读得特别卖力。到了快抽号时，不少学生嘴里念念有词地为演讲做准备。常常出现这种场面：学生在台上滔滔不绝、慷慨激昂地演讲后，台下掌声如雷。当然，也有被抽到准备不充分的学生，那种如面临世界末日般的惊嚎，引得其他学生捧腹大笑。这样做既让他们形成边读边思考的阅读习惯，也能提高他们的语言表达能力。

《卡尔·威特的教育》一书中提到，老卡尔·威特和太太常常与孩子表演书中的故事，小威特乐此不疲，渐渐地与书本结下深厚的情谊。我从中得到启发，让学生表演故事剧，即选择自己最喜欢的故事，与小伙伴们合作表演。为此，我组织学生们看故事剧、小品视频，教导他们如何分角色，如何揣摩人物的性格特点，把人物演活。我还建议他们制作道具，提高表演效果。爱表演是孩子的天性，布置了这项活动后，学生们热情高涨，连周末也相约一起排练。虽然，最后因为经验不足，学生们表演得很生疏。但我感觉他们对读书有了另一种认识。原来，书不但可读，也可演。

除此之外，我班围绕读书还举行了讲历史故事比赛和写读后感比赛。经过一系列的活动，学生的阅读欲望从沉睡中苏醒，由被动到主动。现在，我很容易从课间、放学后，在教室里、在一楼的休息凳上看见学生读书的身影。温家宝说：“读书关系到一个人的思想境界和修养，关系到一个民族的素质，关系到一个国家的兴旺发达。一个不读书的人是没有前途的，一个不读书的民族也是没有前途的。”作为一名语文教师，我认为除了传播知识以外，还肩负着一个重要的任务，就是让学生们知道读书的好处，爱上读书，养成读书习惯，让书成为学生们不可分离的生命伴侣和导师。

心平气和地带班

所有孩子都得进入学校接受义务教育，他们在各自的家庭环境里生长，所以，每个孩子的特质是多样和多变的，每个孩子的成长历程是复杂的。教育是一项充满挑战性的工作。

我由一名教研员申请回到学校当一名班主任。刚开始，我很不适应。教导主任提醒我，现在的孩子已经不同当年，越来越难教。“哦？”我疑惑起来。随着时代的进步，家长的素质应该与时俱进，怎么孩子还更难教呢？很快我就知道答案了。现在网络资讯发达，一桩虐儿事件，就能引来所有家长怀疑的目光，教师不再是灵魂的工程师，而是张牙舞爪、面目狰狞的妖魔。我有一位担任一年级班主任的朋友，班里一个孩子被其他同学打了一下，孩子爸爸把责任归咎于班主任，并拒绝与班主任沟通，选择在微信群里恶言侮辱，扬言不放过她。试想一名教师连人身安全都无法保障，何谈有尊严地教书？这样的事情应该很多很多，于是，很多教师悄悄启动了自我保护模式，不敢教、不敢管。

可是，启动了自我保护系统以后，你的心真的能平静吗？不能。凡是消极地应对问题的做法，只会带来新一轮的危机，让自身陷入循环反复的泥潭里。

你以为拔高声音愤怒地批评，孩子就听了吗？事情上，每个孩子对愤怒接收的敏感度是不一样的。有的孩子一个眼神就懂了，你不需要发脾气批评，可以给他讲道理。有的孩子特别顽皮，在哪里都是招惹别人，在哪里都挨批评。在语言的“枪林弹雨”中身经百战，你的愤怒对他根本起不了作用，这时你更没有发脾气的必要，因为最终的结果是伤害了自己。中医认为，怒则气郁滞不通，不通则百病始生。教师的亚健康状态情况严重，多是由生气引起。万一忍受不了，气炸了，怎么办？马上转移注意力，稳定情绪后再处理事情。要知道孩子是在错误中成长，错误是教育的契机，教育是你的常规工作，孩子不犯错，你的价值何在？所以，原谅他，放过自己，慢慢教。这也是我常常安慰自己的。

薛瑞萍曾写过《心平气和地教一年级》一书，我认为不是因为她没遇上特别烦心的孩子，而是她找到了情绪管理方法。比如说她有很强的规则意识，很重视孩子行为习惯的培养；她会以写信的方式与家长沟通，争取家长的理解和配合；她是一个极爱阅读的人，一日不读，便觉手足无措，性情焦躁。阅读最大的好处不单单是陶冶性情，还可以积累渊博的知识，处理事情的时候，大脑会浮现多种解决问题的方案，预测不同状况下的结果。

那么，情绪管理方法是什么呢？是要有意识地调节自己的情绪频道，让它总是面向太阳升起的方向。

我到过很多学校，发现很多学校都存在喋喋不休地抱怨工作的老师。在现实中，我们遭遇挫折是在所难免的，发点牢骚，希望以此引起别人的关注和帮助，可以理解，从心理学角度上讲，这是一种正常的心理自卫行为。可是，如果永无休止地抱怨，非但解决不了任何实际问题，反而让自己陷入负面情绪里。《助你好运》的作者刘轩认为，“幸运感”和“幸福感”一样，属于个人主观感受。有些人活在人间炼狱还觉得幸运，有些人家财万贯却一天到晚觉得自己倒霉。生活中有很多事情，你若从正面的角度去看，你眼中呈现的就是五彩斑斓的世界，反之，一切黯然。

我读过一个很有意思的案例：科学家邀请《新科学家》杂志的记者莎莉埃迪参与一个实验，让她用狙击步枪打屏幕上的恐怖分子。这个女孩子从来没开过枪，看到这么多恐怖分子凶神恶煞地走过来，吓傻了，“砰砰砰”胡乱地开了几枪。后来，科学家给她一个头盔，她戴上以后，头皮像被刺激了一下。当恐怖分子再次出现的时候，她觉得大脑除了开枪就没有任何的私心杂念，“砰砰砰”，把虚拟的恐怖分子全打倒了。由此可见，当她专注地做一件事时，她可以马上从没有接触过枪的女孩变成专业的杀手。据说，当她把头盔拿掉后，她连续两个星期都沉浸在这种私心了无的美好感觉中，无论做什么事情，都非常地专注投入。实验证明，一个人没有太多的杂念情绪，他的工作效率能迅速提高。高效的工作效率能腾出更多的自由的时间，心不再装着满满的负担，与此同时，他会感觉自己是最棒的，因为他的潜能被发挥至最大。

在实际工作中，很多不愉快的源头都是沟通的不顺畅。有时候你表达的是这个意思，别人理解的却是另一层意思，中间发生了误会。为了减少误会，在布置任务或传达信息的时候，尽可能做到清晰明了，一目了然。我有个同事，她每一次发通知给家长，会同时做一份电子版，在电子版的通知上用红线标出关键词，用标记提醒家长具体怎样做。我想她这样做肯定能收到准确的回应，家长面对如此认真负责的班主任，怎好意思不配合呢？

写到这里，我大有“修为不到家，仍需要历练”之感。我庆幸自己能静下心来，带着思考阅读，带着思考倾吐，最后清空烦恼丝，心平气和地带班。

第三章

教研工作手记

一个有思想的教师能从纷繁复杂的“理念”“模式”中识别真伪。如同走进百花园,你或是博采众长,或是撷取最合适的一株,然后在自己的教学土壤中实践,生长出自己的教学思想。

一位小学老师眼中的中学课堂

老师爱抱怨，大学老师抱怨高中老师没有教好学生，高中老师抱怨初中老师没教好，初中老师抱怨小学老师没教好，小学老师抱怨幼儿园老师没教好，幼儿园老师抱怨学生的父母没有教好，一层一层地往下抱怨。

在我看来，抱怨的根源在于不理解对方的教育方式，每个阶段，学生心理发展与能力发展不同，教学侧重点也不一样。比如小学侧重行为习惯的养成教育，学生到了中学正处在青春期，学校教育侧重于健康人格培养。评价的标准也不同，而评价结果却是站在自己的立场出发生成。所以，消减抱怨的最好方法就是加强沟通与交流，了解对方领域的教育教学是如何运作的，做好衔接，使师生减少不适应感。

一天，某中学有初一的研讨课，而且有市里的老师来异地教学。我带着对中学教学的一系列不解，去一探究竟。

听了两节语文课，我深受启发。

首先，两位老师都强调自学能力的培养，从课堂的预习检查情况上看，学生已经能自学了解大概的课文内容了，所以老师的引导很少，方法归纳总结也少，基本上是学生自己理解。难怪中学老师要我们打好基础。说实话，这种教学方法，对培养尖子生是有利的。对后进生来说，不指导，不启发，他们该怎样学习呢？所以在小学阶段，打基础是除了抓扎实的基础知识，还应加强学习方法的渗透，能有很强的预习能力。如果这方面都不能掌握，到了初中真的很难跟得上。可是，据我观察，现在小学的教学重点多在抓基础知识，自学课文能力的培养从来没有放在重要地位。很多小学老师的观念是学生年纪小，让他自学有一定难度，所以，只是布置学生读读书，自学生字词就当作预习了。其实，有效的预习应该是布置一些带有思维性的学习任务，如上网或者通过查阅资料了解文章的作者，通过对作者背景的了解以便在课堂上更好地理解课文；读通课文，自学生字词，培养独立识字的能力；尝试完成课后练习，发现自己的知识盲区；还可以将自己不懂的内容标记出来。由此可见，预习是一次很好的独立阅读训练，相当于是一个自主学习的过程，并且锻炼学生今后的自主学习能力、分析能力和理解能力，同时，对教师了解学生的学习起点也有非常重要的作用。如果学生课前预习不到位，没有对课文内容进行提前了解，不能及时扫清课文学习中的一些字词等障碍，那么将导致学生在课堂上学习效率不高。

其次，王荣生认为理解分为三个层次：第一个层次叫表面理解，也就是字面理解。第二层次是篇章结构的理解，就是对自己读到的材料能够从整体上做解释。第三层次是读者能够结合社会经验对所读到的材料有自己深刻的理解。从观课的情况上看，中小学的课堂都重视让学生根据教师的指令在课文里找表面的信息，对文本进行整体架构的理解，第一、第二层次的理解，都很重视培养学生对课文的整体把握，在文中筛选信息，提取信息的能力。的确，现在是信息时代，学生能在信息的海洋中懂得如何撷取对自己有利的信息，这对学生的终身学习非常重要。然而凸显差距就体现在对文本高层次的理解上。学生阅读一篇课文，借助生活经验与语文经验，产生他的理解与感受。随着学生的年龄递长，他的两种经验都在提升。因此，中学老师的课堂在挖掘文本内涵上更下功夫，关注语言的同时更关注思维的深层发展。这一点，小学老师要学习。

最后，《义务教育语文课程标准（2011年版）》详细地表明了语文课应重在体现人文性和工具性，重在感悟体验、有较大的积累、有良好的语感，反对对语文课进行支离破碎的讲解分析，进而泯灭语文的精神内涵。可是，在我看来，初中语文老师似乎在为了解决一个又一个的问题，讲一道又一道的习题。学生之间很少交流，很少议论，也很少对同学或老师的观点提出争议反驳。一个字概括课堂气氛——“闷”。这样的课，学生听得开心吗？相对小学的课堂，教学形式丰富多了，也有趣多了。

因为小学生没有学习动机。能让学生投入课堂学习中，学习兴趣是主动力。所以小学老师会制作绚丽的课件吸引学生的眼球，通过各种学习活动激发学生参与学习的兴趣，在难点的启发与点拨方面，小学老师做得更细一些，步骤清晰，层层递进。而从课中可见，中学老师就显得粗线条了。语文教科书中，很多是文学作品，主要是表现、反映人类情感活动的，让学生从中受到熏陶，获得思想启迪。所以，在小学的语文课堂上常用的是创设情境，披文入情，与文本对话，与作者产生共鸣，同喜同乐，从而走进文本，走近作者，解读文章主旨。可是，到了中学就变了调，不再强调情感激发了，而重在具体分析、归纳写法。当然在写法上的处理，在小学也是挺重视的。如中学老师讲《猫》这篇课文，情感性很强，讲了作者自己的三次养猫经历。快乐、悲伤、后悔自责，这条情感线贯穿全文。为什么不能以此作为投入学生心湖的一块石头，激发他们情感的波澜，而使学生理解作者冤苦了这只懒猫而定下“从此不再养猫”的决定呢？到底是小学的教学太感性了，还是中学的教学太理智了？从学生的课堂表现上看，学生似乎在埋头解决一个又一个问题，记录一个又一个语文知识要点，课堂少了些语文的情趣。

这两节课于我就像大浪朝我涌来，我听到巨大的拍打的声音，全身体验到冲击带来的震撼。有些事情不去接触永远就不知道，就像两条平行线一样各走各的路，找不到交汇点。然后，各自画地为牢，各自发展，在没有梯度顺延的情况下，我们的学生总产生不适应感，甚至在学习上出现“跳水”现象。所以，中小学之间要增加教育教学的交流与沟通，找到彼此能顺延的契合点，让学生的发展能顺利地螺旋上升。

语文，不错位

因原来的中学语文教研员调到另一个区任职，在新的中学语文教研员还没到位的情况下，我被安排暂时联系中学语文的工作，因此有了接触中学语文的机会，听了一些中学语文课，也引发了我对中小学语文教学差异的思考。

从教材的编排上看，初中语文教材与小学人教版高学段教材的组成结构是很相似的，但是初中教材的编写要比小学的更加系统清晰。比如七年级上册的第三单元，通过阅读写景的诗文，学习揣摩和品味富有特色的语言，积累精彩语句。在单元的编写上，教材细致地罗列呈现比喻和比拟的概念、示例、表达效果，然后也配套了相应的练习让学生进行语言欣赏与评价。教师在备课时，以课后“研讨与练习”为抓手，重难点就一目了然了。相对小学教材，那真是模糊一大片。尽管学生学习了六年的比喻和拟人的修辞方法，已经掌握了比喻的特点、表达效果，也写得相当纯熟，但是教材从始至终没有一个字写这方面的语言要素。它只会出现一些模棱两可的练习，如：“文中有很多这样的句子在表达上很有特点，请找出来体会体会。”这些句子的特点在哪，学生掌握到什么程度，就得靠老师的设计。它不像数学，要教什么，练习什么，教材上清楚明了地呈现。所以在小学的语文课上，很可能不同老师执教一篇课文讲授的教学内容是截然不同的，语文老师在备课时最头疼的就是教学内容的选择上。他们不仅仅只是解读课文，还要花一点时间去解读课后的练习，去明晰它所隐含着的知识体系。学生在一篇文章中学到什么要取决于老师对教材的理解以及老师具备的语文素养。那么，为什么小学教材不像中学教材那样编写，把语文知识概念化、系统化，形成一条明晰的知识体系？

这正是一年级部编版教材重点解决的问题。它用人文主题和语文要素两条线组织单元结构，在编排上对语文知识、技能的训练做了一个通盘的考虑，努力地体现语文学习的体系和教学梯度，突出语文课程的核心标准——学习语言文字运用。如人教版语文教材一至六年级的课后练习里对朗读方面训练的表述是："有感情地朗读课文。"具体到每个年级有什么要求，并没有写清楚。但是部编版教材会针对文本个性提出朗读的不同要求。比如说，一年级上册第一篇课文《秋天》，课后就提出了朗读课文注意"一"字的不同读音，让老师明确这篇课文朗读训练的重点是什么。

由此看来，小学的部编版教材明晰了语文知识和能力点，体现训练的层级序列，到了中学逐渐增添了复杂记叙文与文言文的比例，强化语法知识学习与说明文、议论文等文体知识学习，实现中小学语文之间的一脉相承、一以贯之。

中小学语文教学在学生心理发展特点、学习环境、学习内容、学习要求等方面既有相承，也有差别。很多人对小学老师带有成见，认为中学老师可以到小学任教，但是对小学老师到中学任教则抱有怀疑的态度，有些地方会把在中学教学质量差的老师转岗到小学。而事实是，在中学教不好的老师到了小学一样也教不好。哪怕是比较优秀的中学语文老师到了小学任教，在不改变教学方法的情况下，效果则不好。我从以下的两节课中得到验证。这两节课分别由在中学从教多年而这学期被调到小学任教的陈老师和一直在小学从教的梁老师执教的。两人不同的教学背景，让观课更有可探索性。

陈老师的文本解读能力很强，每个环节设计目的性很明确，且有条不紊。她善于归纳，为了让学生掌握《落花生》中表达的思想感情，用课件把观点一条一条地呈现，让学生齐读；为了让学生掌握《落花生》这篇文章的表达特点，她又用课件呈现文章的评价与欣赏，读给学生听。这节课凸显了语文要素，语文知识讲授的容量大，教学方式与常规的中学课堂教学无异。这时候，我像一只夜里潜伏着的猫，盯着学生的一举一动——我要观察这种方法对学生产生的效应。学生很安静，发言的次数减少，发言的内容仿佛在捕捉老师的意图。我推测，学生不理解老师讲的内容，过于抽象了。

我脑海里忽然闪出早上发生的一幕：我每天早上 7 点送儿子到学校，途中有 25 分钟的车程，这段时间我们就听广州新闻早报。我特别喜欢听时事评论，我爱它那种逻辑严密的议论方式。我也希望儿子喜欢它，因为新闻时事评论对他将来写议论文大有裨益。于是我对心不在焉的儿子说："专心点听，好吗？"儿子说："妈妈，我真听不懂，也听不进去。"是的，时事评论员哪怕讲得再独特，再有深度，可是其内容与他的小听众所能理解的程度不沾边，那就像两个对话机没有调到一个频道，无法对话。在这一节课里，老师讲的内容已经超过学生的理解力，再炫耀美丽的东西对于他们而言，也只是遥不可及的摆设。小学生形象思维发达，想象力丰富，感性。老师要利用学生的心理发展特点，设计情境、活动，吸引学生积极参与其中，进行思维活动。把抽象的知识形象地转化成学生可吸收的内容，老师得花功夫。

长期从事小学教学的梁老师在这方面就比较重视了。

梁老师在《颐和园》一课的教学中，谈到段的结构时，没有一开始就给学生讲：这段是先写整体，再写廊内，最后写廊外。先总后分，结构鲜明，层次清楚。她分三步走，把抽象变具体，让学生轻松掌握。

第一步：师生合作读，看清段的结构。

师：（引读）看整体。

生：（读）进了颐和园的大门，绕过大殿，就来到有名的长廊。

师：（引读）看廊内。

生：（读）绿漆的柱子，红漆的栏杆，一眼望不到头。这条长廊有七百多米长，分成 273 间。每一间的横槛上都有五彩的画，画着人物、花草、风景，几千幅画没有哪两幅是相同的。

师：（引读）看廊外。

生：（读）长廊两旁栽满了花木，这一种花还没谢，那一种花又开了。

微风从左边的昆明湖上吹来，使人神清气爽。

梁老师的引读很巧妙地使学生认识到作者是按“段首整体概括”“段中描写廊内”“段末描写廊外”的思路布局，这样可以使层次清晰，结构严谨。

第二步：情境创设，感受长廊的美。

梁老师通过多媒体带学生走进长廊，读读长廊精彩描写—议议长廊的多和美—想想置身长廊的感受—思思长廊写法上的别出心裁。

第三步：写法迁移，实践真知。

梁老师又用多媒体把学生带进美丽的大岗公园，引导学生从整体—池中—池外的顺序写一段话。而且梁老师总是低下头聆听学生的想法，然后耐心地引导。从学生积极的反应中看出，这节课的目标设置与采用的教学方法与学生实际的阅读水平与接受程度是相当的，因此收到比较好的教学效果。

语文教学，不能错位。按学生的年龄特征给他们最合适的，提前一分，滞后一点，其结果都是事与愿违的。教材编写如此，教学方式也是如此。

学习不能只是接收

我对一位语文老师印象很深刻。她个人素质非常优秀，然而她的学生不见得很优秀。课后，我找到原因了。用与我一起听课的一位老师的评价来概括：“她的学生没有了思考。”

也许是她太优秀了，她的知识太丰富了，而她又太有教的热情了。她总是孜孜不倦地给学生最好的教学内容，一堂课里，她不停地讲，而学生在课堂上成了不需要思考的听众。这让我想起一场科幻电影里的一幕：知名主持人采访一位宇宙英雄，一大群美女在旁边伴舞，主持人煽情地宣讲英雄的事迹。整个采访结束后，宇宙英雄只回答了一个字——“是”。节目的目的、观众的期待是采访英雄，而实际上是主持人“把控”了整个舞台。

我很认同广州市教育研究院原主任李伟成的观点：学生的最大期盼就是在课堂上被师生认可。这种认可是通过自己的表现、表演、表达，或写，或吟，或唱，或论，或辩，或演来获得的。教师的最大功能就是营造一种气氛，提供更多机会，相信学生、发动学生，让每个学生都参与到课堂学习中。但是这位辛勤的老师把课堂给占了，只考虑到学生是一个接收者。她没有给学生们思考的时间，让学生们把知识揉碎消化成自己的想法观点，也没有给学生时间，让他们互动、交流，在思辨中重构新的认识。

同样，我对现在某些家长的做法也是抱着怀疑的态度。在我的小区里不乏同时给孩子报四五个兴趣班的家长，孩子比大人还忙，学钢琴、二胡、书法、围棋……基本上没有了假日。孩子不停地跑在学习的路上，他们有没有思考过为什么要学习这些，是否从心出发而学。在我看来，学习什么应该经过自己筛选，学自己所需，感兴趣的，才能保持学习的热情。《教师心理学》上有一个案例：一位心理学家为了证明后天的教育可以影响人的智力发展，激发人的潜能，他把自己的孩子当作实验对象，不停地要孩子学习学习，孩子提前修完小学、中学，16 岁毕业于知名大学，然而到了 18 岁后，他的孩子执意要成为一家商店的售货员，因为他的孩子发现当个售货员就可以不动脑筋了，他惧怕学习了。由此，我们可以联想到，现在的孩子一进入大学，在减少束缚的情况下，变得无所适从，开始逃学、旷课、抄袭……于是在最需要学习的时段虚度光阴。

如果学习仅仅被理解为接收，更甚者是被动地接收，这是学生们最大的不幸。他们永远没有机会遨游在知识的海洋里获得探索知识的喜悦，也不可能产生进一步开发与创新的欲望。

这是功利性的学习！整个社会似乎也被这种功利充斥着，大家争先恐后地学，你追我赶，比较哪个学生学得多，哪个班的期末成绩高。学生像一台考试的机器，不停地做题，背知识点。在这样的情况下，其他班级若不跟风，就在分数上惨败下来——如果学校默许了这样的行为，学习就变了味！

学生学得越多，未来越有保障吗？但事实上，着眼于当下的教育，并不能保证给学生一个好的未来。麦肯锡全球研究院的报告提道：随着人工智能技术的发展，人工智能会对我们的职业造成冲击，到 2030 年中国将有 1 亿人面临重新就业，机器安装修理人员、安保服务、食物准备工人都在其列。美国的叙事科学（Narrative Science）公司，结合大数据和人工智能，利用软件开发的模板、框架和算法，瞬间撰写出上百万篇报道，所以连记者这一行业都有可能消失。《中国教育报》在一篇《30 年后，你家孩子凭什么拼过人工智能？》的文中提道：或许，若干年后，人工智能将会替代很多工作，人们将会从事更有创意、更有创造性、更有体验感的工作。所以老师家长最需要做的，不是传递给学生更多的信息，而是应该教给他们能够理解信息、判断哪些信息重要的能力，最重要的是，让学生能够结合这点点滴滴的信息，形成自己的见解。

很明显，单是靠一张试卷证明教学质量的评价方式已经不适应时代发展，老师只在意成绩，学生只一味接收的做法终将不会长久。

教育，是应该更丰富而有意思的。

淡化自己，成就学生

听了不少的课，在我看来，评价课的好坏不外乎就是看老师是否关注学生。根据学生的需要设计教学内容，根据学生的特点设计教学方法，根据学生的学情给予恰如其分的指导。这里为什么用到“恰如其分”这个词，原因是它太重要了。

我常常看到有老师担心学生不会，于是从课的铺垫、文章内容的讲解、字词的学习与理解等等，都一味地讲细，讲透。他忽略了重要的一点，学生不是知识的容器，不是塞就可以有收获的。这样的课，往往是学生听着听着就分神，接着忙其他事情去了，只留下老师一个人唱独角戏。

“讲得多”的坏处有很多，比如：讲多错多，语言因啰唆而杂乱，条理不清晰，最后听的人容易出故障——接收不良。“讲得多”最大的特点是爱重复，重复学生的发言，重复自己的提问，一堂课喋喋不休的，其实表达的内容并不多，这就是高耗低效。“讲得多”最严重的地方，就是侵占学生的学习空间，代替学生的思考。课堂上，老师讲得多，意味着学生讲得少；老师占用的时间多，意味着学生实践的机会少；老师讲得透，意味着学生就不需要思考了。

最近听了一节作文课，老师亲切和蔼，事事为学生着想，凡是预设到学生有障碍的地方都做了努力，铺平了道路。图画激趣、观看视频（为了让家里没有动物的学生都有内容可写）、例文示范两篇（介绍了两种写作方法）、指导说话（先说什么，再说什么，然后说什么，指导得细致入微）。听课的老师在评课时无不表扬：设计合理，提供了多个材料激发学生写的兴趣，老师的指导细致入微。结果是：全班只有四个学生（可能上课没专心听讲）没按老师的思路去写，其他的学生都写出相似度为80% 的作文。当思想高度统一时，这是可怕的，这意味着学生的思想被固化了。写作要我手写我心，自由地表达自己想法，没有想法的写作就谈不上写作。

美国老师指导学生写作文的做法与我们截然不同。美国的老师给学生定了作文题目后，就让学生搜集、整理大量的资料。学生可以到图书馆查资料或进行社会调查访问，学生有充分时间来准备和思考，以至形成自己的观点。如写“我的爸爸”或“我的妈妈”时，美国的老师要求学生在一周内交稿，要求学生们去采访爸爸、妈妈、爷爷、奶奶，外公、外婆，乃至伯伯、叔叔和邻居等，让学生在深刻、全面了解父亲或母亲的基础上，写出一篇生动而又深刻的调查报告或纪实文章。教师的主要任务是鼓励学生说出自己个性化的认识，可以避免学生说假话、说空话以及写的作文千篇一律。

美国的作文课堂强调教师和学生之间的合作。很多教师和学生共同选题、共同讨论和修改作文。有的教师还把自己写的作文带入课堂，向学生讲述自己的写作过程，并让学生讨论、评点和修改，这样可以提高学生的写作能力。美国的老师认为，假如想要学生把文章写得更好，那就要给学生充足的时间，等学生将作文修改好交上来后再做评判。这就要求教师耐心地评阅学生的作文，督促学生不断修改。

对比中美教师的做法，前者的作文课强调老师的指导作用，每个环节都讲得很清楚，一步一步地牵着学生走。后者强调实践与合作，学生在不断探求的过程中形成自己想法，在与他人合作评价作文的过程中习得写作方法，然后不断地修改完善自己的作文，提高写作水平。

其实，教师不是课堂的主角，主角是学生。在课堂上，教师淡化自己，给学生挪空间。在这里，学生在听、说、读、写方面有扎扎实实进行语言文字训练的机会；学生有锻炼合作能力和协调能力的机会；学生有培养思辨能力的机会。因此，在一节课里，学生的学习活动的内容和时间必须有保证。

在教师群体中，我发现有这样的一类教师，他们的朗读不太好，学生却读得不错；粉笔字写得不怎么样，学生的字却写得工工整整；他们的课讲得不太出彩，学生却学得扎实。他们的教学关注点都放在如何引导和锻炼学生超越自己。这种现象告诉我们，课堂上给学生让位，教师淡化自己，即成就学生。

破解特级教师的语言密码

杭州上城区教育学院教研员王莺说，她的导师张化万（全国著名特级教师）带着秒表听她上课，目的是计算她讲话的时间有多长。而她自己连续一年用录音机录下自己的课堂语言，她反复地听，像啄木鸟捉虫一样把自己语言的毛病揪出来，修正、改良，去粗取精。如此严格的锤炼，造就了一堂又一堂成功的公开课，也造就了她成为特级教师。

听起来真有点难以置信，对教师的语言要求高得如同德国人做汽车一样严谨认真。我很想知道经过千锤百炼后，特级教师的语言具有怎样的魅力。趁着这几天特优（特级、优质）教师展示课堂教学技能之机，我对他们的课堂语言做了摘录，按引导语、过渡语、评价语进行归类，仔细掂量，果真妙不可言。

第一，引导语——暗藏 玄机。

特级教师的引导语非常简洁凝练，指向性强。

例：一箭双雕

请一名学生读句子。

师：我发现你把“著名”这个词读得特别重，你为什么这样读？

生：因为他很著名。

师：（引导）所以……

生：所以才有很多人来看他的画。

师：把话说完整，连起来说一说。

点评：其实学生并不是真的把“著名”一词读得很重，只是老师想引出“著名”一词，借评价之机带出而已，这样既肯定了学生，又引出了另一个知识点。

例：层层深入

现场情境：教师出示两个句子，让学生辨别哪个句子写得好。

生 1：第一个句子写得好。因为用了关联词。

师：有了关联词就更通顺了。你的语感很好。

生 2：用了“一……就……”的关联词，就写清楚了当时有许多人在观赏。

师：是啊，刚刚出来就有许多人观赏了。

生 3、生 4 回答后，请学生再读一读这个句子。

师：你能想象当时的人是怎样观看画的吗？请你用“一……就……”表达出来。

课件出示：看画的人一______就______；有钱的人一______就______。

师：是啊，从这里可看出戴嵩的画太棒了，让我们再读读这个句子吧！

点评：先对比发现关联词的妙处，理解表层意思。再想象当时的情景用关联词说话，进入故事情景感受关联词使用的表达效果，并使用关联词语。词训练了，朗读训练了，理解也深入了，三个维度同时推进。

例：方法与提问同行

师：记事类的文章总会有一条或明或暗的线索把各个画面串联起来。课文的线索就是心理变化，作者心理发生了哪些变化？为什么会发生变化？你把这条线索弄清楚了，课文讲了一件什么事就清清楚楚了。

点评：学生第一次回答主要内容时像复述一样，没有重点，语言累赘。这时老师改了一个问法，把问题与方法同时带出，学生知道了要用一条线索把各个画面串联起来，很快就理清了文章脉络。当学生的思维走进胡同的时候，老师轻轻一拨，就把学生带出困境。

例：请君入瓮

师：你觉得这样改行吗？

生：不行。

师：那请你给我理由。

点评：改写的句子一般都比不上原文的效果，所以学生肯定会答“不行”的。这个看似简单得不需要动脑筋的问题其实是为了把学生引入一个高难度的辩论题，学生为了说明自己的观点，就得动脑筋了。

例：梳理引导

全班读一段话。

师：你看到的是怎样的景象？

生：多姿多彩。

师："多彩"在哪里？"多姿"在哪里？

生：（读）青草下藏着……

师：这就是"多彩"。

生：（读）它们比青草……

师：这就是"多姿"。

点评：当学生答非所问的时候，不要急着否定或纠正。帮他梳理一下，原来自己的思路是对的，只是表述的方式不对而已。老师这样引导，学生就明白了。

第二，过渡语——行云流水。

教师总结学法：

小结语：我们读读课文，联系上下文就能把同学们提的问题解决了。所以，我们不仅要会提问题，还要会解决问题，而解决问题最好的方法就是读书。

小结语：这篇文章内容虽然很散，但是作者把看花的起起伏伏的心情写出来了，抓住这几个心情变化的词，我们就能了解课文的主要内容。

小结语：这两篇文章有异曲同工之处，就是最后一句都值得我们好好品味，值得我们用一生去品味。当我们读到这类文章的时候，我们就要抓住这一类的句子好好地品味，这样就能找到开启阅读之门的钥匙。

点评：每一个环节的过渡以总结学法作为桥梁，学生在不知不觉间学到了方法，有利于下一阶段的学习。

第三，评价语——智慧尽现。

例：在点评中，提升人物的立体性

生1读戴嵩画画的句子。

师:(评)这位"戴嵩"画得真成熟!

生2读。

师:(评)这位"戴嵩"画得真仔细!

生3读。

师:(评)这么快就完成这幅画了,真了不起!

生4读。

师:(评)生4读得小心翼翼地,画画有时候真的需要小心翼翼。现在我们看看这位"戴嵩"的画画得怎么样。

点评:这样的点评既肯定了学生读书的认真,又提升了学生对人物的立体形象的认识,同时老师的评价语就是一个很好的示范作用。为此,当学生评价戴嵩的画画得怎么样的时候,学生们已经从老师的"示范"中找到了点评的方向,因而评得头头是道,有理有据。二年级学生的评价能力就是这样"教"出来的。

例:评价具体的行为

师:课文从哪些地方说戴嵩是一名著名的画家?

生1答。

师:(评)你是从围观的人的表现中看出来的。

生2答。

师:(评)你是从戴嵩的画技中看出来的。

……

点评:我们表扬学生的时候,经常习惯于用"你真棒""好"等含糊的词语,可是学生永远不知道自己"好"在哪里,老师的表扬指向于学生的行为或思维方式,让学生清晰地知道自己的优点所在,并得以强化,同时也暗示了其他学生可以模仿学习。

教师在课堂上用富有吸引力的语言感染学生,把学生引入学习的情景中产生共鸣和默契。因而,教师要提升自己的教学能力,不妨先从锤炼课堂语言入手,做到清晰准确、丰富生动地表达思想。这不仅能提高课堂教学效果,同时也给学生很好的语言示范。

大胆取舍，大气课堂

我已经不是第一次听东莞名师陈德兵的课了，每一次听他的课都有不同感受，感觉他又一次超越了自己。借“广州市百千万人才培养工程”名教师跟岗培训之机，听了陈老师执教《威尼斯的小艇》一课，我们豁然开朗。

陈老师的教学设计没有按我们惯常的做法：初读——读通全文，学习生字；默读——理清文章脉络；品读——字词句训练；赏读——学习表达方法。他根据文本的特色，提取学生最薄弱、最需要学习的地方重组教学内容。他首先让学生初读课文获得对文本的初步感受：小艇与威尼斯是息息相关的。再读课题，思考：围绕这个课题，如果让你来写，你会写什么？然后直接进入课文写作方法的关注上。再引入文章围绕小艇每个自然段写了什么，梳理出全文的写作思路（见图 3-1）：

小艇
- 与城
- 外形
- 内饰
- 与人

图 3-1 《威尼斯的小艇》写作思路

这篇文章围绕小艇写相关的生活细节，领略威尼斯的风土人情，写法一目了然。学了这种写法，陈老师乘胜追击，把它迁移到写作上。“用通过‘眼睛’写某一种事物的写法，写‘我的家’，你打算怎样写？”接着就是学生构思自己作文的时刻。值得一提的是，陈老师不局限于学生有内容可写的程度，还着重于启发学生创新取材，引导学生从不起眼的地方，发现内在的价值，发现生活的温情。

一篇课文从教学内容的选择上，可取的点很多，可以了解作者、把握内容、分析理解、品味语言、探究中心、拓展延伸等等。这一节课的教学处理可谓是大胆取舍。比如，关注阅读向写作的迁移，充分发挥课文的范例作用；关注学习策略的形成，授之方法，使学生形成能力；关注学生的学习起点，使训练更集中有效，避免面面俱到，而导致每一方面都走过场。

我们得学习陈老师的取舍之气魄。如何取舍？关键在于尊重学生的学习起点。如了解学生对言语知识的运用能力，以及知识储备和已有经验的掌握情况。更深层次的是了解学生的思维起点。语言是思维的工具，思维训练一直是语文教学中非常复杂而系统的工程，听说读写的内容中存在着大量思维能力训练的因素。基于以上，我们才开始拿出斧头，掂量教材哪些内容学生已经掌握了，砍掉；哪些内容学生还没掌握，保留；哪些内容第一次出现，是新知识，着重。大刀阔斧后，才是细细雕琢的起步。从学生的思维出发，以学生的思维基础能力、某些特定的思维方式和思维的程度为依据，设计学习任务以及学习活动。这如同把学生带进学习的冒险之旅，他们以师生组合、生生组合的方式应对挑战。单是这样还不行，我们得给学生武器，让他们可以对付来自丛林突然冒出的凶禽猛兽。武器就是学习方法，也就是为了解决课堂上的学习任务，教师授予具体解决新问题的方法，引发学生在课堂上思索、讨论、理解、品析、创造习得学习方法，形成自己的学习策略。

公开课就好比课堂教学的“时装秀”，教师要大胆创新，经历千锤百炼后才能进行展示，它引领了教学时尚，带动潮流。名师就是课堂设计师，在特定的情景下，学生成了“模特”。一线教师在听课时，应谨慎地吸取它，理智地模仿。跟着方向走，可以。但具体落实，要根据实际大胆取舍。毕竟，大师的课不是谁都能企及的。

让学生的思维飞起来

将北京的语文教学与广州的语文教学在教学方法上进行比较，我们可找出很多共同点，如同样进行听、说、读、写的语言训练，同样重视语言文字的运用，甚至上课的基本程序也是相似的，也许最大的不同是学生。

我参观了三所学校，走进课堂，亲近学生。在《被掠走的中国国宝》一课中，我惊讶于学生对国家的荣誉、民族精神理解之深，从阐述的观点中可看出学生的视野广阔、思维开放。学生基本上能出口成章，侃侃而谈、引经据典。优秀的学生，是老师教出来的吗？不全是，优秀的学生背后都有良好的家庭教育支撑，受良好的社区背景的影响。

面对这样一群知识储备丰厚的学生，老师该如何教？在此情况下，我认为语文课应该向深处挖掘，开拓语文的领域，让学生飞翔在更广阔的天空里。在这次跟岗培训中，执教老师借用五年级学生上六年级的《古诗二首》（高适的《别董大》和王维的《送元二使安西》），很明显，学生在理解诗句方面已经不存在困难，所以执教老师指导的重点放在综合与拓展上。课的设计关注了学生的学习起点，做大胆的取舍，不教学生已经懂的，重点教学生不懂的，提高学生品读古诗的能力。从课堂上学生表现的学习能力判断，这两首诗的教学处理是开放的，她直接把两首诗整合起来进行教学，把两首诗的相同点和不同点作为教学的主线。她让学生以小组合作学习的形式对两首诗进行比较阅读，分析理解两首诗在写法与表达感情上的异同。在与学生进行对话交流时，老师恰如其分地点拨，引导通过朗读写景的诗句，想象画面，理解离别的情景渲染。再抓“愁”“曛”“浥”这些字眼，了解创作背景及人物离别的惆怅。然后对比两首诗最后一句的表达效果，这样学生就能发现同样的离别，但是高适是积极的，王维是消极的。最后她联系诗人的经历，了解人物的形象，品读离别的情怀。这样大气的整合，对这班学生而言，挑战性更大，获得的提升可能会更多。

教学既要关注学生起点，又要考虑到不同层次水平的学生的发展需要。但是在实际课堂上，老师的关注点往往多以中等生的学习起点作为问题设计与难度调控的参照，这样直接的弊端是把班内所有的学生向中间靠拢，压制了潜力较大的学生的发展。

如另一节课《两个地球同时着地》，执教老师在启发学生思维方面就显得力不从心了。老师让学生谈谈对"原来像亚里士多德这样的大哲学家，说的话也不是全都对的"这句话的理解时，设计了这样一道填空题：

这句话告诉我们亚里士多德的话既有（　　　），也有（　　　），我们应该（　　　）科学，不应该（　　　）某一个人的话。

这明显是让学生按照这个框来理解句子，然后把思维收窄成括号里的几个词。众所周知，读书百遍，其义自见。学生对句子的关注点不一样，理解的角度和层面也是各不一样的。老师这样的做法限制了学生的思维。

我们大可以引导学生抓住关键词"反复试验""公开试验"，从理解伽利略孜孜不倦地追求真理的过程中体会他对科学的严谨。然后情境朗读，再现实验现场，体会观众实验前与实验后截然不同的态度，从中理解亚里士多德的话是错误的。再引导学生发散性思考：为什么人们没有怀疑过亚里士多德的话？让学生从不同的角度发表自己的看法，激活学生的思维。

执教老师说这是一节思辨课，然而结果却没有思辨的色彩。若是思辨课，那么应该有两个特点，一是有时间给学生思考，二是有空间给学生拓展。然而在这一节课里，执教老师就像热情的主人，给我们展现丰盛的佳肴，教学内容容量大，教学手段丰富，给课堂塞得满满的，学生没有思考的时间，何为思辨？

因此，教师在课堂上要给学生留有小小的空白，或者上升的空间，让学生尽情放飞思绪。

对写景类文体教学的思考

在小学阶段，文质兼美的写景文章有很多。我们学习这类文章的价值何在？我认为从情感上看，让学生领略大自然的美丽，得到美的熏陶感染；从知识层面看，以此作为例子，学会观察，学习景物描写的方法；从发展的角度上看，积累优美的词句，为语言仓库储备材料。因此，我们观摩到的写景类文章的课，大多老师是这样处理的：一是以朗读贯穿整个教学过程，通过图画、音乐、教师语言创设情境，激发学生想象画面，有滋有味地朗读；二是抓优美的词句，品词析句，体会用词的准确、修辞的美妙。这两个步骤在每一堂写景文的学习中占重要角色。

我在杭州跟岗学习时，听了冯老师、倪老师的课，让我对写景类文体教学有了新的思考。他们对写景文的教学方法进行了大胆的尝试。用倪老师的话说："这只是探索，我想转变传统的以朗读为主的教学……写景文只有读吗？能不能用另一种方式支撑整节课？"于是，他们合力为我们在写景文教学中打开新的一页。

两节课共同突出的地方是把教学的落脚点放在文章的结构上。《百泉村》这篇文章在表达上的确颇具特色。文章是由四篇小文章构成，每篇小文各写一处景色，四景相融构成了错落有致的画面。

冯老师以摄影师拍摄取景的方式，把镜头从山来到泉，从泉来到小山村，从小山村来到家。景物相继出现，镜头层层推进，再进而填补式朗读：（　　）的山 +（　　）的泉水 +（　　）的小山村 +（　　）的小院，构成温馨美丽的小山村——百泉村。以此把整篇文章的线条勾勒出来，文字的走向随镜头的转换铺展成一幅美丽的乡村图。

倪老师的做法是用小组合作的方式进行探究。首先，对照课文，用四个圆圈分别代表山、泉、村、家，画出它们的大小和位置关系（离散、交叉、重合、包含）。其次，在课文中找依据，并用“{　}”标示。最后，派学生代表阐述理由，注意结合课文内容。

冯老师的“镜头转换”是教学生以寻美的角度捕捉美景，构建画面。倪老师是让学生在读读、画画、写写、议议中发现，让学生自主获得体验。两位老师在帮助学生认识文章的结构、学习材料组建的方法上，的确费尽心思。这让我想起五年级学生作文中最常见的问题：结构不严谨，层次不清晰，中心不突出。当然语句用词也是一大弱项。前者的问题关联到学生对写作内容的编排组合方面的能力，也就是说学生知道用什么顺序表达，哪部分详写、哪部分略写，段落之间是如何关联起来，首尾如何照应，一言蔽之，即文章是怎样起、承、转、合的。这些写作知识是需要在阅读课上以课本作为范本一点一滴地习得的。可是，我在听课中甚少听到老师会关注到语言表达方面的教学，或者知道了要关注但在怎样教方面就显得含糊不清了，即老师在阅读理解和语言表达两个维度间找不到平衡点。这两节课，无疑为这一方面的研究提供了思考的路径。

然而，听完这一节课，我总有点缺失了什么的感觉。读了金波的《百泉村》，我不禁感叹：啊，好美的意境！读文如同与作者于林间散步，让人不知不觉间陶醉其中，流连忘返。对金波，我并不陌生。过去，我常常为儿子读《牛奶河》《妈妈的故事》《红苹果》等作品，金波的绘本、儿童诗总是以最简单的语言描绘梦一样的画面，引起孩子无边的想象。我觉得这两节课最缺的可能就是学生在课堂上没有机会体验到这么美好的意境，或许他们还没有走进金波那暖暖的、美丽的家。因为老师们都强势地让学生把视角关注到它的结构，骨架被拎出来，血肉分离了，语言的美就不存在了。

改革也好，创新也罢，必须要维持“阅读理解”和“语言表达”的平衡状态，任何一方的力度太强，都将顾此失彼。

两种课堂教学文化的交汇

“广州市百千万人才培养工程”名教师培训学员与杭州导师的学员同台切磋课堂教学。这是一场教学的盛会，教师们之前就摩拳擦掌，对展示课做了精心的准备。所以课堂不仅仅是个人教学思想的展现，而且是两个团队，甚至两种课堂教学文化的交流。如果从这个角度看课，课就变得更有意思了。

杭州学员韩老师的课最大的特点是拓展。我算了一下，在《自己的花是给别人看的》的第一课时教学中，只讲了第四自然段，却共拓展了六个文段的阅读。在讲“山阴道”一词时，她引出王子敬的“山阴道上行，山川自相映发，使人应接不暇”，王羲之的“山阴道上行，如在镜中游”。在背了第四自然段后，让学生拓展默读《海棠花》《夹竹桃》等文段，并比较不同的作者是怎样写花的。然后通过想象写话：读了第四自然段，你想到了什么景象，请写下来。最后阅读《只砍有记号的树》，认识时代背景，赞扬德国人在艰苦年代仍然遵守纪律，心里想着别人的美德。从这里可以看出，整节课的广度远远超出课堂。这让我想起了浙江省特级教师虞大明在一次讲座中提到的“旁征博引，拓展内容之广度”的观点，他认为对于儿童，读得广远比读得深有价值。正所谓“采的花多了，酿出的蜜才香甜”。因此，阅读课应该“基于教材，适度高于教材、广于教材”。本课拓展的阅读材料在每个环节都起到推动学习进程的作用，同时学生的思想随着课外文段的引入发散开去，老师有时深入，有时对比，有时拓宽，立体构筑德国风景的奇丽。

韩老师的课没有字词的学习，直接跳到深入学习课文。容量那么大，跳跃那么大，学生却不感到吃力。她是怎样做到这些的？我对几个学生做了调查。原来，他们非常重视预习，课前老师都会布置预习单，预习单里包括学习字词和读书。后来，我发现他们每人都有一本《词语手册》，里面有词的注音、意思和简单的词语练习。对于五年级学生而言，有了《词语手册》的帮助，他们可以独立学习字词。但是写字的练习如何解决？每周四下午第三节是写字课，韩老师会指导他们写字，而在课堂上韩老师一般让他们写《作业本》上的小练笔。《作业本》是由浙江省教育厅教研室编写的练习册，在大部分的课后练习中都有小练笔，可见浙江非常重视写的练习。也就是，她的课是建立在学生的起点上进行的群文阅读——这就是他们所说的以学定教。

如果说韩老师的课是“拓”，那么广州学员罗老师的课就是“挖”。当然，“拓”与“挖”与文本的特点有关。《桥》这篇小说结构独特，语言简短凝练，意味深长。有很多地方语含双关，值得学生细细地咀嚼其言外之意。所以罗老师紧扣描写人物神态、动作、语言的关键词，引导学生走进人物的内心，感受人物的高大形象。在她的巧妙点拨下，学生对人物的认识层层深入。而她在引导学生品读字词期间，又通过评价读、整合读让学生发现其语言表达的特色，使学生既得言又得意。如果从文化背景上看，罗老师的课凸显出广州人务实的风格。她设计的每一个板块都目标明确，训练感很强，比如：第一板块朗读词语，产生画面，概括主要内容。第二板块是画句子，写批注。第三板块品味句子，感受人物形象。第四板块读句子，揣摩小说的表现手法。第五板块以填诗的形式深化人物形象。

罗老师“板块教学”的最大特点是学段目标明确，条块分明。她为什么能做到这一点？因为她有“助手”——《广州市义务教育阶段学科学业质量评价标准》（以下简称《评价标准》）。它是由广州市教研室组织各区教研员作为编写团队历时三年编制而成的，对一线教师的教学指引上，有以下三大特点。

特点一：课程目标细化，可操作性强。小学语文教学长期存在对“教什么”定位不清的问题，我们使用的语文教材给出的只是课文内容，不像数学、英语那样明确地提供教学内容，于是语文老师在教的内容选择上容易随意而杂乱。同一篇课文，从不同的角度选取的教学内容可呈现千差万别的教学结果。在这样的形势下，我们必须清晰地知道每个年级该达到什么目标，在课程目标的指引下确定教学内容。而《评价标准》恰恰有效地解决了这个问题，它是“在《语文课程标准》的框架内将三维课程目标转化为较为具体的可描述、可操作、可监控的行为目标”。

例:《语文课程标准》

第一学段（一至二年级）：学会汉语拼音。能读准声母、韵母、声调和整体认读音节。能准确地拼读音节，正确书写声母、韵母和音节。认识大写字母，熟记《汉语拼音字母表》。

《评价标准》细化为：

一年级上学期：学会汉语拼音，能读准声母、韵母、声调和整体认读音节。能准确地拼读音节，能借助汉语拼音，认读汉字。能正确书写声母、韵母和音节。

一年级下学期：巩固汉语拼音，能借助汉语拼音，准确认读汉字。认读汉语拼音字母表，认识大写字母。

二年级上学期：巩固汉语拼音，能借助汉语拼音识字、正音。能运用音序查字法查字典，认识新字。

二年级下学期：继续复习、巩固汉语拼音，能借助汉语拼音识字、正音。能运用音序查字法查字典，学习独立识字。

各项指标有利于教师把“总目标”细化到每册课本、每个单元、每篇课文，从而确定每课的“教学目标”“教学重点”“教学难点”等，又有利于教师评价课堂教学、质量监控管理。减少教学的随意性，克服教学目标上“不达标”和“超标”的问题。

特点二：学段目标清晰，阶梯性明显。《评价标准》对课程标准的学段目标进行细化，充分考虑到儿童的认知特点，突出学段教学重点，同时又巧妙地使重点分解，像石级一样有层次地铺在学生语文学习之路上，学生拾级而上，领略风景而不觉得吃力。例如，对词语理解方面，学段的要求呈现出从低到高螺旋上升的过程。

例:《评价标准》词语理解的要求

一年级：能初步联系上下文，结合生活实际或借助实物、图片、动作等直观手段，了解课文中的词语的意思。

二年级：在引导下能借助工具书、联系上下文，初步了解课文中的词语的意思。

三年级：能初步借助工具书、联系上下文和结合生活实际等方法，理解词语的意思。

四年级：能运用不同方法理解词语。

可见，由于一年级学生处于形象思维时期，所以对学生理解词语这方面要求不高，在理解时需采用直观的手段帮助理解，在课堂教学上更重视识字、写字、朗读教学。到了二年级，建议学生借助工具书帮助理解，“在引导下”“初步了解”的阶段，其重点还是识字、写字、朗读。到了三年级，将“在引导下”“初步了解”这些字眼去掉，意味着要求提高。到了四年级，学生基本能掌握理解词语的方法，并能灵活地运用方法独立理解词语。

特点三：评价内容导向性强。过往我们对教学目标的陈述一般指向学习结果，即学生经过课堂学习，获得哪些新知识，训练哪些能力。《评价标准》的各指标描述，更多地体现皮连生提出教学目标的“导学、导教、导测评”。因为这是一本给一线教师使用的工具书，其“导教”“导测评”功能较为明显。

一是评价内容是“三维目标”的整合。

语文学科到底要教什么？上海师范大学吴立岗指出：语文学科要教会学生通过学习课文，参与各种语文实践，学习听说读写的技能和相关的语文知识，养成自学的习惯。同时形成积极的人生态度与正确的世界观。《评价标准》是从语文基础知识、阅读、习作、专项评价四个维度体现知识与技能、过程与方法、情感态度价值观的有机整合。

表 3-1 《评价标准》之五年级“体会领悟”

内容	水平要求	评价标准
体会领悟	阅读叙事性作品，受到优秀作品的感染和激励，向往和追求美好的理想	通过读文，潜移默化地受到感染；有感情朗读课文，进入情境；品味文章的重点内容，感受作品的魅力
	阅读诗歌，想象诗歌描述的情境，体会诗人的情感	想象诗歌所描述的情景，体会诗歌的意境；结合诗句内容和时代背景，体会诗人的思想感情；初步体会诗人绝妙的炼字功夫
	阅读说明性文章，了解基本说明方法	通过学习课文，了解举例子、列数字、打比方、作比较等说明方法；体会作者通过选用恰当的说明方法准确表达的特点
	领悟文章的基本表达方法	初步体会记叙、说明、描写基本表达方式，体会它们在文中的作用；初步掌握篇章的结构特点，继续巩固学过的首尾照应、开门见山、过渡的结构特点，学习篇末点题的结构特点，体会它们在文中的作用；初步掌握描写的方法，包括环境描写、景物描写、人物描写；熟练运用比喻、拟人、反问、设问的修辞方法，能体会排比在文中的表达作用

从表 3-1 上可看出，《评价标准》要求五年级学生学习叙事类、诗歌、说明文，并指导学生通过学习不同文体文章，掌握阅读方法和策略，从中受到情感的熏陶与感染。

二是评价内容暗含教学方法。

表 3-2 《评价标准》之二年级阅读要求（节选）

内容	水平要求	评价标准
理解	初步尝试用提问的方法理解课文	尝试对课文题目进行提问；尝试对课文中不懂的词语进行提问；尝试对课文中不懂的句子进行提问；尝试对课文中不懂的内容进行提问

（续表）

内容	水平要求	评价标准
分析概括	学习感受、理解、把握课文内容	学习在问题的提示下，对课文内容进行分析、思考；初步掌握根据题目把握课文主要内容的方法
体会领悟	运用不同的方式方法感悟、体会阅读内容，并愿意与他人交流阅读后的感受和想法	运用自己原有知识和课文提供的信息，对课文内容进行合理想象；联系生活实际，对课文内容进行理解；根据课文内容，进行表演；能选择读一读、画一画、说一说、写一写等自己喜欢的方式，表达阅读感受和体会，并愿意与他人交流

对于二年级学生而言，理解课文内容是难点，要达到这个水平要求，《评价标准》提供了有效的路径——提问。从哪些地方提问？可从题目、不懂的词语、不懂的句子、不懂的内容这四方面引导学生提问，并让学生掌握提问的方法。这样暗含学习方法的目标，使教师在教学过程中更侧重于方法的传授、能力的培养，并加强阅读方法指导。

又如，《语文课程标准》中学段阅读目标之一是初步把握文章的主要内容。三年级的《评价标准》是这样进行细化的。

表 3–3 《评价标准》之三年级“分析概括”

内容	水平要求	评价标准
分析概括	初步把握文章的主要内容，学习复述叙事性文章大意	初步了解略读的方法，在导读提示下，了解文章的大意；学习把握文章主要内容的方法，如中心句、问题提示等；初步借助提示、想象画面等方法复述故事性较强的文章

《评价标准》在把握文章主要内容的教学策略上，导向性非常强，确保学生在学习把握主要内容的起始阶段不走错方向或漫无目的地摸索。

可见，《评价标准》成了一线教师教学的有力助手，它进一步将《语文课程标准》的终结性目标细化为教学和评价中可操作目标，清晰的目标体系从根本上拨正了现在语文教学中存在的教学内容杂乱、零碎、跳跃的现象，有利于教师教的内容与学生实际学的内容趋于一致，最终达成语文课程目标。

习作到底是内容重要还是语言重要

一天下午，广东省骨干教师培训班学员们自发组织到华侨小学开展作文课研讨活动，活动由王建国老师上作文课“点睛”。

我很欣赏王老师上课时的风趣幽默。在他的调动下，整节课节奏流畅，学生通过“看图悟传神”“回忆酝酿人物”“读句欣赏写法”，师生习作对比发现写法，再创设情景进行写作，最后师生点评。从整节课的架构上看，体现了从浅入深，层层递进的学习过程；从学生的表现也可看出，学生已经掌握了他传授的观察、联想、绘声绘色的写法。

这么好的课，当然是好评如潮。但是，却不能深入地点出这节课的特点在哪，成功之处是如何形成的，背后有什么值得学习的地方。在一片赞扬声中，我看到建国含着笑低着头，手做着记笔记的样子，但没写下多少个字。

这种情景似曾相识……对了，以前那个我——那个陶醉于一次次公开课和赛课而获得掌声中的我。直到第一次参加教研员理论学习时，我发现我无法与其他区的教研员对话。虽然我已经很积极地争取进入他们的话题圈，可从他们的反应中，我读懂了“浅薄”这个词的含义。然而我是幸运的，王亚芸老师——一个热心而又严格的导师——多次直截了当地指出我的问题在哪里，她对我的每一个意见就像一把把锤子重重地打在我那狂妄又莽撞的心上，接受认清现状的火辣辣的痛。痛是最容易清醒的，清醒过后就是调整自己，加倍地努力。正如《从未名到未名：李肇星感言录》中所说：“涉猎的领域越广，其与未知领域的共同边界线就越长。”知道得越多，越需要聆听不同的声音，这样才能摆正自己的方向，每个人都需要一面镜子，可是，愿意成为别人镜子的人有多少呢？

评课继续进行，主持人邀请四位教师发言。甜美的语言、热情的赞颂弥漫着整个会场。《我读3》这本书中写道："当一群人意见完全一致，就等于变成了一个脑子，他们做出的决策往往会有各种盲点和问题。"我期待着，期待着另一种声音……终于，一个女教师表扬一番后，谦虚地说："我想提出一个不成熟的意见，你给学生下水文是否会禁锢了学生的思想？"流动的欢愉静止，这声音如子弹穿过墙壁，从那很小的弹洞里，阳光如箭一般射进来。主持人这时把话筒传到我手上。拿起话筒的一瞬间，我的恶作剧心理被挑起，突然希望这种欢愉与盛情被继续地破坏下去。我让主持人给王建国老师一个话筒。我说，我要与他对话。学员们料到有戏了，把我俩推到讲台。

我问他："你认为习作课上，内容重要还是语言重要？"他说，内容和语言同样重要。然后，我与他继续对话，剖析了他每一个教学行为以及学生的课堂反馈的情况。我非常确定地跟他说："从你的课堂行为上显示，你偏重于语言，也就是写作技巧的点拨与传授。"

习作到底是内容重要还是语言重要？

我那毫不客气的追问在会场里爆炸，渐渐地形成蘑菇云弥散开来。建国显得措手不及，他窘迫而急切地辨析"内容与语言"同样重要的观点：没有写作技巧，学生就写不好文章……教师们惊讶了，我伤害了他们这么喜爱的一位老师，有的教师甚至愤怒了。小燕跳出来反驳，内容和语言同样重要。

建国抢过麦克风，从文与道不可分割、相互交融的例子阐述内容与语言同样重要。果然是才子，出口成章，论点有深度而不失儒雅。

一位教师也发言："小学生的写作能力不高，不教写作技巧，他是不会写的。"她的语音因急切要表达自己的观点而颤抖。多么可爱的教师！在学术争论面前，在探求思想的更高境界面前，她放弃了沉默。

思想的火把被点燃了，会场上一个又一个教师抢着发言，不同的声音在空中飘荡……

我怀着感激与欣赏去聆听教师们的声音。当一位教师迫不及待要发表自己的观点时，说明他对这个问题是有思考的，也说明他是一位有思想的老师。

等大家发言得差不多时，我继续我的观点："老师们，在国培班培训时，北京大学温儒敏教授认为，习作中，内容第一，语言是第二，语言是为内容服务的。当前学生在写作的过程中，普遍出现用华美的词语堆砌文章，为了用某个词而无病呻吟。然而他们的内容是虚的，思想是空的。而学生的习作中，千篇一律，说假话、空话的情况也普遍存在。为什么会这样呢？"教师们安静下来，定定地看着我。我缓一缓气，接着说："我国的学生在想象力与创造力这两方面远远比不上其他国家。我们多么希望，我们的作文课能给予学生一个广阔的空间，让学生的思想纵横驰骋。然而，如果我们给予学生太多的技巧，那么与此同时，我们也压抑了学生的思维。从你的课上，为什么同学们对作品的评价大都从是否采用了修辞方法、是否运用了好词这个角度去评价，因为你对前面的两个学生的作文也是这样评的。为什么学生看到这幅图，他们只能联想到这是一位盼望儿女们归来的眼睛，难道就没有别的想法吗？因为你在出示图片的时候已经暗示了，所以学生的思路只以沿着你的思路走。"会场安静得出奇，我凝望着一双双专注的眼睛："在习作课上，内容与语言哪一个更重要？我认为是内容更重要。因为语言就是从写作技巧入手的，这容易教，我们可以从阅读课上渗透写作方法，阅读与写作整合起来，学生既得意也得言，甚至可从习作评讲课上在赏析与点评学生作品时归纳总结。而写作思路的启发和写作内容的选择才是构造一篇文章的灵魂，这也是教师最弱、最难教的。"

一篇好的文章，不在于它的语言多么华丽，而是文字折射出来的思想。思想的独特，决定了文字的魅力。如果教师把心思多放在解放学生的思想，提起学生写作的欲望，让学生自然地流露心中所思所想，那么他们的文字定会呈现出各自的姿态。

常规课与创新课的碰撞

南沙区中学段语文教研活动展示了两节有意思的课，一节是由岗城小学教师曾可诺上的《两个铁球同时着地》，一节是由东莞名师陈德兵上的《西门豹》。两节课可谓是常规课与创新课的碰撞，有章法与无章法的同台舞蹈。

曾老师的课每个环节训练点明确，突出了语言文字运用。其中段落的训练成为课堂教学的主旋律。第二自然段紧抓“信奉”一词解读全段，先理解字面意思，再联系上下文和朗读体会理解人们对亚里士多德信奉到什么程度，接着补充亚里士多德的资料，让学生知道人们为什么信奉亚里士多德。最后回到文段，再一次朗读升华。学生在曾老师的点拨下，对“信奉”一词层层剖解，抵达词的深处，感受词的张力。学生在理解段的同时，联系上下文，理解关键词，体会其表达效果的能力。第三自然段的教学，紧抓由“如果………那么……”“但是……”“这样……”用关联词组成的句群，通过“理解—朗读—运用”的方法，学习作者运用关联词把自己的观点表达清楚的写法，而且做到层次清晰、条理分明。

在这一环节的磨课中，其实我们也遇到过困惑，因为对于四年级的学生而言，能做到用关联词表达自己的观点已经不容易了，但是文中的这个句群含有思维推理的过程，而且是从一个观点推出另一个观点，又从这个观点再推出结论，思路不是直线的，而是曲线的。当时，有老师反对以此作为写的训练点，认为难度太大，学生可能接受不了。我们展开了激烈的争论，最终还是认为尽管有难度也应让学生去尝试，毕竟这有利于培养学生的批判思维和严谨表达的能力，而且学生不尝试就永远在原地踏步。所以我们接着思考如何降低难度，让更多的学生能跳一跳就摘到苹果。对此，岗城小学的黎校长和科组长刘老师，大岗镇的小学语文中心组成员给了很多宝贵的意见。第一，由原来的独立写话改成小组合作写话，让学优生带动其他学生思考。第二，选定悖论明显的观点让学生质疑，原计划是采用“看电视有害儿童身心健康，所以儿童不应该看电视”的话题。可是在第二次试教时，发现学生很感兴趣，但是认识不深，很少学生能举出个中的缘由。于是改为“如果上帝是万能的，那么他就能创造出一块他推不动的石头”这个话题。从学生在课堂上的反应可看出，学生能用关联词进行质疑表达，可是美中不足的是，这个话题难以引发学生多维思考，导致学生的答案太相似了。

总的来说，曾老师的课环环相扣，过程流畅，听、说、读、写在课堂上交替运行，她的课亲切暖心。我相信大多数老师只要用她的教案和课件也能上出相似的效果。

而陈老师的课如同平静的湖面上横空出现的瀑布，它带来了生气与灵动，构成了不一样的风景。我已经是第四次听陈老师的课了，每一次听他的课，都觉得他想突破，想创造语文教学的另一境界；他的“不按章法”似乎在鞭策我们盲目追求课堂效益时不经意间犯下的错误。例如，课堂上第一个读书的学生读得断断续续，陈老师不因为赶教学进度而把他忽略掉，而是停下来亲切地鼓励与指导。当发现同学嘲笑别人时，他让这个同学换位思考，体会被嘲笑的滋味。这里确实是费了时间，但是老师对学生的人文关怀尽显。在整节课中，我发现陈老师想方设法地让全部的学生都参与到课堂学习中来，每个学生都能参加一两项学习活动，舞台是开放的，他在不断地吸引学生走进来。而在我们的语文课上，很多老师只关注到自己讲得怎么样，或者是表演得怎么样，于是，在教学设计里花了很多的精力设计自己的教学语言、教学活动，却很少在学生的学习活动中费心思。

要说语言文字训练，他的设计着实简单：读通课文，读好课文；抓西门豹的语言揣摩其言外之意，体会其表达特色——一语双关；写剧本，其实是补充其他角色的语言描写，让学生进入角色与文本对话；演故事，学生从角色扮演中进一步体会西门豹的人物形象，同时进行口语训练。

我们可看到学生演完以后，陈老师问学生："西门豹是个怎样的官？"学生的回答是那么精彩而丰富，这说明学生已经深入认识了西门豹。老师从没灌输过任何观点，一切是学生从活动中悟出来的。

用陈老师的话说，他的课是不按章法的。如同古龙笔下的人物，但凡登峰造极的武林高手都是已经进入了无招胜有招的境界。他似乎与学生融为一体，他很了解学生，能洞察学生的心理变化，不断地调整教学策略，将两课时整合成一节课上，在一个小时里，他与学生亲密无间。这种不按章法是怎样炼成的呢？他上过不计其数的公开课，经历过磨课期间的各种煎熬。他对吟诵很感兴趣，就自费跑到北京拜师学习。那种对教学的痴迷，对教育的热爱不是一般老师能比拟，所以他登上了教学的顶端，得到了掌声。而现在他又返回来做我们遗忘的事情，珍视学生，以学生为中心。

对于名师的课，有的老师可能会说学不来，太精彩又太难以复制了。其实观课的目的就是取自己所需，解自己所惑。如果你这么想，无论你听什么类型的课，都能满载而归。

磨课感悟：取其精华，弃其糟粕

新课程改革的春风吹遍大地，各种顺势而生的教育方式如抽出的新芽展现出勃勃生机。课堂融入了许多新的元素，学习方式由过去单一的传授式向启发式、讨论式、活动式、探究式转变。教师的主体功能逐渐淡化，学生主体地位逐渐增强。学生不再静静地听，而是更多地参与学习活动中。无疑新课程理念的确能解放学生的思维，让学生愉悦地学习。

课程改革要警惕用力过猛而把过去好的做法推向边缘，把知识与能力、结果与过程、传授与探究、教师的主导作用与学生的主体地位对立起来，造成轻知识重能力、轻过程重结果、轻传授重探究、轻主导重主体的教学格局。

每一种教学理念、每一种教学方式都存在利与弊。关键在于教师如何根据学生的特点，对教学内容和教学方式做出选择。在一堂课里，用这一种教学方式的长处去弥补另一种教学方式的短处，使它们互利互惠，相得益彰。如：讲授式可以让学生快速掌握知识要点，但因为学生没有直接参与和体验，学生记得快、忘得快，可能学了却不懂得运用。这样就得借助活动式或讨论式作为补充，让学生先对问题进行思考，交流探讨。当学生在参与解决问题的学习活动中产生了困惑时，教师的精讲自然起到拨开云雾的作用。假如学生能通过自己的努力解决学习问题，那么教师就在此基础上归纳总结，深化提高，将知识点和学习方法适时嵌入学生的大脑，经久不忘。启发式可与合作探究式结合起来。学生离开了教师启发引导的合作探究式学习，学生的水平只能在平面上绕弯。可见，一节课使用的教学方式是多重组合的，过于单一，就像把学生引入沙漠，放眼望去，黄沙无边，少了生气勃勃与趣味盎然。

一节好课，相当于弹奏一首曲子。教学内容是音符，教学方式是节奏，师生是演奏者。最动人的曲子犹如蓝天上的行云，稳中有变化；似山涧里的流水，细中有跳跃。课堂上时而静思，时而争议。曲调因丰富而鲜明，课堂因丰富而精彩。

而设计一节好课，如同创作一首好曲，既要灵感创意，也要反复修改打磨，直至音调节奏和谐，旋律优美。我与老师们磨课时，先要求老师们写一份详案，围绕教学主题确定教学目标。为了落实教学目标，选择哪些教学内容，设计哪些问题，如何启发，用什么教学方式，起、承、转、合间用什么过渡语，每个环节预计使用的时间……都写得清清楚楚。当详细的教案呈现出来以后，我们就像雕刻家一样，一只手拿着凿子，另一只手拿木槌，然后用木槌将凿子敲入教案，把多余的部分凿掉，有用的部分留下仔细推敲琢磨。

这还没结束，课堂实施的打磨才是最重要的。按以下步骤，一步一步地推敲：执教老师实施教学设计；备课组成员观课，记录课堂动态；备课组议课，根据课堂上师生的教学状态、发现的教学问题，调整教学策略；执教老师再次实施调整后的教学设计，如此反复地发现问题和解决问题，直到教学主题有突破。

一次公开课，打磨的不仅是课堂，还是整个团队。首先是执教者的个人成长，清华大学附属小学校长窦桂梅谈到她的个人成长经历，特别提到她在参加全国公开课的那一段刻骨铭心的磨课过程。那时候，11名专家把她解剖得体无完肤：无论是教态、声调、组织教学的能力，还是对教材的挖掘等等，似乎都存在严重的缺陷。她被“指指戳戳”得仿佛已经病入膏肓、无可救药了。她逐渐克服了曾经的率性，精密计算40分钟的使用效率，她的课堂在不断“整顿”和“敛容”中变得干净漂亮。磨课，不仅使她变得坚强、成熟，也丰富了她的精神世界。其次，整个磨课的团队为了解决一个又一个的问题出谋划策，见证了教学改变的过程。这是一个共同研究的机会，是共享心得、共同提高的机会。

以下是我与学校语文科组成员共同为新教师刘云磨课的前后教案，从初稿到终稿的变化，可见刘老师教学思路的改变。

《大禹治水》教学设计初稿

15. 大禹治水

刘　云

【教学内容】

初读课文，了解课文大意，书写部分生字。

【学生学习过程】

一、揭示课题

1. 板书：大禹治水。

2. 简单介绍大禹：古代部落联盟的领袖，一位为民造福的英雄。

3. 播放课文视频《大禹治水》，激发学生学习课文的兴趣，大致了解文章内容。

二、初读课文，了解课文大意

1. 学生自由轻声读课文。

要求：

（1）边读边标出自然段。

（2）圈出生字词，把读不通的句子多读几遍，直到读通为止。

（3）思考：课文主要讲了一件什么事？

2. 请学生回答：课文主要讲了一件什么事？

3. 引导学生回答：谁带领大家？干了什么事？

三、出示第一、二自然段中要求会写、会认的生字词语

（1）让学生自由拼读认读。（1遍）

（2）请学生当小老师带读。（1遍）

（3）男女生轮读，比比谁更棒。（1遍）

（4）小组开火车，接龙读。

四、细读课文，了解课文内容

1. 学习第一自然段。

（1）点名和自由读课文。

（2）找出本段的生字，讲解“洪”字。（拼读—结构—笔顺—字意—

组词）

（3）播放洪水图片，引导学生通过图片想象大禹治水前的景象。

（4）讨论。

①这些事情发生在什么时候？（发生在“很久很久以前”。）

②这一自然段主要告诉我们什么？（洪水给百姓带来了极大的灾难。）

③从哪里可以看出洪水很凶猛？用横线画出。

④“泛滥”是什么意思？（江河湖泊的水溢出，四处流淌。）

2. 细读课文第二自然段。

（1）点名读课文。

（2）找出本段的生字。

（3）继续文本学习，出示鲧领着大家筑坝挡水的图片，并根据图片引导学生思考这样挡水是否有用。

（4）讨论。

①本段讲谁？怎么治水？结果怎样？

②请用“继续”说一句话。

③小组交流讨论，试着用几个词语讲述本段内容。（提示：谁？怎么治理？结果怎样？）

（5）指导朗读。学生练读，齐读。

3. 请学生以同桌为一组，相互试着讲一讲第一、二自然段发生的故事。

五、练习写字

1. 出示写好字的要求。

①看准每个字在田字格里的位置。

②看清每个字的结构，放慢速度。

③严格按笔顺描写。

再用课件展示“洪”“灾”“难”“道”四个字。请学生翻开课本73页，写下这四个生字。

2. 指导、巡视，搜寻写得好的和易犯错误的字体投影给学生看，进行分析，让学生谈感悟。

六、作业设计

1. 把今天学到的《大禹治水》讲给别人听。

2. 搜集有关大禹的故事。

七、板书设计

15. 大禹治水

治水前	鲧：筑坝挡水（九年）
洪水泛滥、生活痛苦	禹：继续治水

点评： 这节课的容量太大，面面俱到却没有重点，以至于刘老师在一节课里只完成了一半的教学内容，每个环节的训练点都没有落到实处。由于内容太多，刘老师急着讲内容，忽视了学生的互动，学生很快就因跟不上老师的速度而精神涣散了。课后备课组对教学内容进行重组，把重点放在引导学生体会大禹心系百姓、无私奉献的精神，复述训练，认识形声字三个板块上，对其他内容进行删减。

《大禹治水》教学设计终稿

15. 大禹治水

刘　云

【教材简析】

《大禹治水》是部编版语文二年级上册第六单元第15课的课文。纵观第六单元，这几篇课文都是围绕"伟人"这一中心来写的，而它又是开篇第一课，讲好它，可以起到以点带面的作用。这篇课文是一个神话故事，讲述大禹为了治理洪水，吃尽了千辛万苦，曾三过家门而不入，终于制服了洪水，使百姓过上了安居乐业的生活。

【学情分析】

这个故事距离现在比较遥远，而在当今社会的孩子大多数生活条件优越，受到家长宠爱，较缺乏"关心他人，关心社会"的思想，所以，对大禹治水的艰辛和不顾个人幸福、一心为老百姓造福的高尚情怀，理解上有一定的困难。

【教学目标】

1. 知识与能力。

（1）认识15个生字，会写“洪”“灾”等8个字，会写“洪水”“经常”等16个词语。拓展积累“洪水”“防洪”等词语。

（2）正确、流利地朗读课文。

（3）能按照提示，讲讲《大禹治水》的故事。

2. 过程与方法。

通过朗读、抓重点词句，品读课文，体会大禹心系百姓、无私奉献的精神。

3. 情感态度与价值观。

体会大禹心系百姓、无私奉献的精神。

【教学重点】

有感情地朗读课文，理解课文内容，能按照提示，复述《大禹治水》的故事。

【教学难点】

体会大禹心系百姓、无私奉献的精神。

【教学时间】

两课时

【教学准备】

多媒体课件

【教学目标】

1. 学习本课的生字新词，认识形声字的特点。

2. 正确、流利、有感情地朗读课文，初步感知人物形象。

3. 按照提示，讲讲《大禹治水》的故事。

【教学过程】

第一课时

一、激趣导入，出示课题

1. 播放《大禹治水》视频，边看边思考：这个故事主要写了谁？写了一件什么事？

2. 学生交流汇报。

3. 出示课题。

4. 出示大禹纪念碑图片，简单介绍大禹。

（设计意图：用视频、图像导入，吸引学生的注意力，同时，自然引出这节课的学习内容。）

二、初读课文，识记字词

1. 出示要求，朗读课文。

（1）自由读，要求读准字音，读通句子。

（2）长句子或难读的句子多读几遍，做到不错读、不漏读、不重读、不结巴。

2. 检查认读情况。

第一组：洪水　毒蛇　猛兽

要求：图文结合，读准字音。

第二组：伤害　灾难　仍然　消退

要求：把生字词放在句子中读准确，读通顺。

人们受到洪水______的______，决定要治理它。鲧带领大家治水，九年过去了，洪水______没有______。

第三组：继续　认为　教训　被驱赶　恢复　安居乐业

要求：读准长句子中的生字词。

禹继续治水，他认为治水要紧，吸取了鲧失败的教训，采用疏导的办法治水。最后洪水退了，毒蛇猛兽被驱赶走了，农业生产恢复了，人们过上了安居乐业的生活。

（设计意图：学习生字可以灵活机动，有学生齐读，有点名读，有开火车读，还有小老师领读，形式丰富，学生感兴趣，学起来不枯燥，自然效果佳。另外，把生字词放在重新组合的句子中读，既可对学生进行读好长句子的训练，也让学生为下面的复述故事训练做铺垫。）

三、再读课文，理清脉络

1. 点名读课文，相机点拨，梳理文章脉络。

2. 自由读文，根据提示复述《大禹治水》的故事。

提示：

（1）洪水使人们生活痛苦。

（2）鲧用筑坝挡水的办法，没有治好洪水。

（3）禹治水，三过家门而不入。

（4）禹用疏通河道的办法，带领人们治好洪水。

（设计意图：采用小组竞赛的形式，让学生在比试较量中做到把课文读通顺、读流畅。在指导学生理解词句的基础上去朗读故事、讲述故事。例如，抓住"十三年""三次""一次"这组数字以及引导学生先提取具体信息，再展开想象，最后指导学生借助提示讲述故事，让学生在语言实践中逐步体会大禹心系百姓、无私奉献的精神。）

四、深入学文，了解治水前的洪水泛滥景象

1. 联系下文，理解"泛滥"的意思。

2. 出示洪水泛滥的图片，引导学生认识洪水泛滥带来的危害，读出相应的情感。

3. 随文识字——"洪"。

（1）"洪水"的"洪"字为什么偏旁是"氵"？

引导学生认识形声字的特点：形声字由两部分组成，有一个部分表示"形（象）"，另一部分代表"声（音）"。

（2）在生活中，哪些字也是形声字？请举例子。

（3）观察"洪"的字形结构和关键笔画。

（4）教师指导书写"洪"，学生练写。

（设计意图：图文结合，朗读指导，让学生理解洪水泛滥给人们带来的痛苦，体会到治水的迫切性。随文认识“洪”字，带出一系列形声字的学习，增加学生的识字量。在描红写字时提醒学生正确的写字姿势，让学生养成良好的写字习惯。最后，展示学生的作业，鼓励其他学生继续写好字。）

五、总结全文，设置悬念

今天，我们感受到了洪水给人们带来的痛苦，最后，大禹是怎样把洪水治好的呢？我们下节课继续来学习。

（设计意图：总结全文，设置悬念，激发学生学习第二课时的兴趣。）

六、布置作业

试着讲讲《大禹治水》的故事给别人听。

（设计意图：巩固复述训练成果，提高学生的语言表达能力。）

七、板书设计

大禹治水

洪水：人们生活痛苦

鲧：筑坝挡水

禹：三过家门而不入

疏通河道

第二课时（略）

一、激发兴趣，复习导入

二、精读课文，品读感悟

三、总结全文，体会精神

四、课外延伸，布置作业

这节课一共磨了四次，由原来的混乱无序到最后得到听课老师的高度认可。课后，她从学生的进步中、老师的鼓励中找到了当一名教师的成就感和自豪感。她说：“这节课带给我很多的启示，我从中受益良多。我非常珍惜这一次历练的机会，感谢科组老师们对我的帮助。”磨课真是新教师快速成长的平台！

从“三个超越”到“主题教学”，再到“成志教育”

十几年前听窦桂梅老师的《圆明园的毁灭》，我着实被她的“三个超越”吸引，语文课竟可以走出文本，穿越时空。她在课堂与历史之间搭建一条隧道，引领学生与文本对话，与历史对话。在阅读大量的关于圆明园的材料后，学生们对圆明园、对毁灭、对那段悲怆的历史的理解已经不是文本所能给予的。在课堂上，我仿佛听到了学生思维裂变的声音，窦老师的点拨让学生的思考到达了一个高度。

于是，我着迷了。在后来的一两年时间里，我一直在模仿。我读了她的《玫瑰与教育》《窦桂梅与语文教改的三个超越》《听窦桂梅老师讲课》《梳理课堂：窦桂梅“课堂捉虫”手记》，在网上读她的课堂实录，按图索骥地用她的教学设计。那几年，在她的影响下，我也尝试超越教材，超越课堂，同时希望超越自我。的确，我的教学能力提升得很快，在几次公开课上，在同行的掌声中尝到甜头。慢慢地，我发现我的学生在课堂上越来越有自信，越来越能表达。听公开课的教师说，我的学生的语文能力很强，很有想法。然而，我的学生的考试成绩不一定能超越其他班级。

我开始反思自己的教学，先从学生的答卷上找原因，试卷分析下来，发现学生的知识结构是松散的。为什么这样？“三个超越”出了什么问题？为了解决心中的疑团，我带着疑问听了她的《再见了，亲人》《游园不值》。我在仔细观察后发现，她的课在竭力带着学生走出文本，推动学生思维的飞跃，然而能跟上她脚步的学生只是几个学优生，大部分的学生还在外围游荡。因为大量的课外阅读材料的植入，造成课的容量大，只能割舍原课文的教学时间，也就是说，认字、识词、解词等语文知识的教学也同步略掉。这对于清华附小这样的优生是不存在问题的，因为他们有强大的家长作为知识提取库。但是，像我们这里的学生，语文知识就是他们的基础营养，长久下去，营养不良的现象会慢慢浮现，然后出现我前面提到的知识结构松散的问题。另外，她的课要呈现思维的超越，给大量的时间让学生讨论发言，连静下来写的时间也占据了，写的能力在课堂上练不足，学生读写必不平衡。

渐渐地，学界质疑的声音零零星星地出现，“三个超越”慢慢淡出人们的视野。

虽然它实现了语文教材不是学生唯一的学习资料，打破了课堂的壁垒，把语文学习立在广阔的天地里，语文与生活融合，促进了学生的发展。在 10 年前，它具有划时代的意义。我隐隐约约地觉得它的淡出，不是消失，而是反思。果然，几年后，基于“三个超越”的理念，经过去粗取精，不断改良的语文“主题教学”诞生了。 如果说“三个超越”是语文教学的突破，那么“主题教学”就是语文教学的回归。课堂用学生的方式走近阅读，学生在语言文字的习得中完成精神生命的成长。

机缘巧合，而我，又与它见面了。

在清华附小跟岗学习的两个星期里，我听了 7 节语文课（含阅读指导课）、2 节微课、3 个讲座（不含其他学科）。相比十几年前，语文“主题教学”真正地把学生放在课堂中心，从原来的高处引领到现在弯下腰聆听学生的需要，教学方式依据学生的变化而改变，这是“主题教学”最大亮点。课的容量少了，小组讨论的分量多了，关注的面更广了。在课堂上，仿佛分不清哪个是老师，哪个是学生，因为学生回答问题后，会接着组织评价、补充的环节，甚至站在讲台上当小老师，给同学们讲解，有时会蹦出一句：“同学们听明白了吗？”然后爆笑全场。

“主题教学”不再是一篇一篇地教课文，它通过单篇阅读教学、群文阅读教学、整本书阅读教学、主题实践活动四种课型构成立体阅读，借用“图表”“信息”“动手操作”等工具撬动课堂，开展深度学习，推进思维外显，解决了“读到什么”“还要读什么”的问题。单篇阅读保证了基本营养的吸收，群文阅读促进了思维的拓展，整本书阅读和主题实践活动训练了综合能力，最终培养学生语文核心素养。

窦桂梅老师不局限于语文教学，她做的一切都是为了学生的成长。

她提出“成志教育”理念，他们的团队一直在践行“为聪慧与高尚的人生”，培养“健康、阳光、乐学”的少年儿童。为此，他们大胆地进行课程改革。他们知道结构决定品质。为了使学生既能达到甚至高于国家课程标准中的各项要求，而且使个性化发展需求得到充分满足，他们界定了核心概念，提出了“1+X 课程”的结构。“1”指整合后的国家基础性课程。该课程内容体现了“用教材教而不是教教材”的思想，既落实了国家规定的基础性课程，同时又超越了教材。“X”指个性化发展的拓展性课程，形成既遵循儿童在基础教育阶段的普遍认知特点，同时又体现“清华烙印”的校本课程及个性化拓展性课程。“+”不是简单的加法，而是促进“1”与“X”相辅相成,达成“1”和“X”平衡的或增量或变量。“1+X 课程”中的“1”与“X”追求 0.618 的黄金分割比例。一方面强调基础，整合后的国家基础性课程要占到总课程的一半以上，即接近总课程 70%；另一方面依据学生的实际需求调整这一比例，使之保持一种动态的平衡。“1”与“X”相结合,共同达成学校“十个一”的培养目标。

为此，他们在课程内容上做分类整合，形成四大门类，即“品德与健康、语言与阅读、科学与技术、艺术与审美”。四大领域的划分，并没有砍掉学科课程，而是依据学科属性，体现课程理念及课程目标的转变，在领域命名中充分体现学科共有的价值取向，从而使彼此教学内容差异性很大的学科走向“共和”。为了适应整合、改革后的课程内容，清华附小教师在保证课时总量不变的前提下，将原来固定的每节课 40 分钟，变为长短不一的大小课时。

“1+X 课程”的整合，教学时间的合理分割，让学生们可以每天参加 50 分钟的大课间活动，每周上 5 节体育课。学生一天的运动时间得到充分保证。清华附小的操场只有一个，但无论什么时段，总有两三个班的学生同时上体育课，因此又对这些班的学生做了整合，有的去踢足球，有的跳绳，有的跳格子，学生在不同的项目里进行有序地训练。阳光下活跃着学生们的身影。站在操场边，风很轻柔，阳光很温暖，内心被学生们的朝气感染，我由衷感叹：教育可让孩子成长得更美好！

关于素读的冷思考

素读是我国古代私塾里常用的读书法，就是不追求对内容理解的深度和广度，只是反复有声地读，直到把诵读的内容背得滚瓜烂熟为止，是一种很朴素的读法。

在广东省各地教研员培训活动中，我从陈琴老师的讲座中认识到她的素读。她带来了她班学生展示汇报的录像，一年级的学生已经把《三字经》《千字文》《成语接龙》《古诗 70 首》以及所学的课文全都倒背如流，而且背得有声有色。她举例子说，在班里成绩倒数的一个学生在一次北京旅游时，看见了牡丹花，随即吟诵起牡丹的诗句，让导游大为惊讶。

她说经典的训练，贵在坚持，难以速成。她为学生的小学六年语文学习制订了一个整体的目标：背诵十万字，读百部书，手写千万言。先厚积，后薄发；先输入，后输出。为此，她见缝插针地利用零碎的时间，每个学生每天坚持背诵 100 字左右的文段，上午 10 分钟，下午 10 分钟，有时是语文课挪出 5 到 10 分钟。一学年除去节假日，每个学生按在校日为 180 天计算，6 年就可背诵 10 万多字的文章 。

从在场的一双双震惊继而崇拜的眼睛里，不难想象录像展示的成果极富震撼力。然而，面对这群积累丰厚的学生们，我怎样也激动不起来。学生有如此的丰厚的记忆功底，不是一朝一夕形成的，必须经过大量的记忆训练和强化。记忆失用理论告诉我们，如果某项记忆不被提取使用，那么它就会渐渐在脑间蒸发，消失殆尽。小学生的机械记忆很强，他固然可以生吞活剥、不求甚解地背下来，然而他们背诵的内容，在其生活范围内很少被用到，所以记得快，忘得也快。生活中有些学生在幼儿园和小学阶段也有大量地背诵古诗词，可是到了中学阶段，就忘了很多。因为学生得接受更多其他学科知识，大脑则必须要进行信息过滤。

假如要做到6年背诵10万多字的文章，就要不断地复习才能降低遗忘率。这时间从哪儿来？陈琴老师提道：“我的语文课不按常规出牌，通常在每节课前会安排‘素读’的内容，一首诗或一段话。有的课文几乎就是读，比赛读，把整篇课文背下来就够了。”可见，她的语文课大部分时间都花在读书背诵。

万物是此消彼长的，假如一味地强调记忆学习，强调反复地读和背，这样的语文学习形式是否过于单一呢？美国国家研究院的研究成果《人是如何学习的：大脑、心理、经验及学校》一书中指出：大脑是依赖经验增强能力的。研究人员做了这样一个实验：将一组老鼠放到一个杂居环境中，将另一对照组老鼠放在空荡荡的笼子里独自生活或与一两只老鼠一起生活。这个实验有助于确定经验是如何影响正常大脑和正常认识结构的发展，同时也能够观察到当剥夺动物关键体验时会发生什么情况。结果发现，在复杂环境中长大的老鼠一开始就比其他老鼠少犯错误，它们也能很快学会不犯错误。即复杂的学习环境产生的经验使大脑功能总体质量增加，它们比剥夺环境的老鼠更聪明。研究还发现大脑对语言的加工似乎存在着独立的区域，承担听词（他人的口语）、看词（阅读）、说词（口语）和成词（用语言思维）的任务，它们各司其职，紧密结合形成整体运作。但人们无法确定构成这些口头的、书面的和听力的技能的大脑组织模式是否需要分别训练，以提高语言文字成分的加工技能。研究人员推测如果这些密切相关的技能具有某种独立的大脑表征，那么技能的协调练习也许是需要学习者在说、写、听之中综合训练的。

语文是一门学习语言文字运用的综合性实践课程，简单地说，是学习语言的学科，而语言是思维的外壳，思维要经历分析与综合、分类与比较、归纳与演绎、抽象与概括的过程。所以，在语文学习中，虽然背诵积累很重要，但是它必然与其他学习方式互相交缠，共同进退。美国哈佛大学教育学博士托尼·瓦格纳在《教育大未来》一书中通过与各企业高管对人才能力需求的调研访谈中发现，在21世纪，企业最需要人才的关键能力有七项：批判性思维与解决问题的能力、跨界合作与以身作则的领导力、灵活性与适应力、主动进取与开创精神、有效的口头与书面沟通能力、评估与分析信息的能力、好奇心与想象力。其中，批判性思维与解决问题的能力是七大关键能力之首。这提醒我们，应该把培养学生的思考能力，尤其是批判性思考问题的能力作为学生的主要发展目标。假如学生习惯了背诵的学习方式，是否会形成思维定势，其批判思维能力被削弱了呢?

我不反对积累背诵，因为它对丰富学生的语言储备、丰富学生的文化底蕴具有不可估量的作用。我只是捍卫语文学习的综合性。

上课时，学生发呆怎么办

发呆是人的大脑对于外界事物进行调节的一种应激反应。处在这种状态下的人会突然不愿意思考，使自己停滞在一个安静的空间里，忘记一切。若只是偶尔为之，可以放松和调节自己。可是如果在学习的过程中经常如此，则大幅度地降低学习效率。试想一下，若在课堂上，老师正在慷慨陈词，讲得眉飞色舞，对上一双发呆的眼睛，岂不是如同泼了一盆冷水，什么热情都浇灭了？

学生发呆有两种情况。一是目光涣散，脸部肌肉凝固，嘴巴微微张开。这时候，他什么都没听，什么也没想，处于半睡眠状态。一是盯着一物体出神，眼神和脸部表情与周围有不相称的变化，比如突然笑、叫、抽搐。这时候，他处于幻想状态，他的思绪已经带着他的灵魂游荡。

让我们先弄明白学生发呆的原因。一方面，从老师角度来看，老师讲授的时间过长，且没有吸引力。另一方面，从学生角度看，学生身体状况不太好，或者满腹心事。也有可能是学生从小专注能力不强，容易受外界干扰，没有及时纠正，就渐渐成为习惯了。

根据个案的不同，我们可以这样处理：

第一，调整教学策略。

英国教育家约翰·洛克说："教师最大的技巧在于集中和保持学生的注意。"如果只有一个学生发呆，老师走过去，提醒一下学生就能缓过神来。若是一群学生精神涣散，说明这个教学环节停留的时间过长或没有吸引力。老师得跳转到另一个教学环节。如果难点还没有突破，老师可开个小玩笑，让学生们轻松一下。或者转换成学生互教、讨论、操作的方式，使学生动起来。根据学习金字塔理论，用"讲授"这种我们最熟悉最常用的方式，学习效果却是最差的，两周以后学习的内容只能留下 5%。

为了避免这样的情况发生，老师在备课时要注意一节课的时间切割，做到动静相间，听讲交错，必须留有时间给学生开展听、说、读、写的学习活动。你若占了学生活动的时间，霸道地让学生乖乖地听，学生定会用发呆来回应你。

第二，做提速训练。

虽然注意力不集中、做事拖拉是小学生的常见问题，但是我从大量的课堂听课记录里发现，一个班学生的注意力集中程度以及学习的速度与老师长期对学生的要求有关。也就是说，老师可以通过训练或者长期对学生提出具体的要求，改善学生这一行为。

在学习活动中，我们布置一个任务的同时附加完成时间要求，学生的精神状态会提升一倍，紧凑的节奏如同水泵加了压，让学习的速度加快。你对学生做过 8 秒钟完成文具收拾，5 分钟完成小练笔，4 分钟做完批注，3 分钟读完课文等训练吗？若没有，试试看，但要注意要求学生在有限的时间内保证质量。

第三，做思想工作。

对于注意力长期难以集中的学生，老师应找他详谈，让学生认识到学习的重要性以及积极投入学习活动对提高学习效率的作用，然后协商改正的方法 。如：仔细听老师的提问，争取发言的机会；积极参与小组讨论；因发呆而没有完成学习任务的学生，站 3 分钟给自己提个醒；等等。

互动、合作在小学语文教学中的运用

在很多的课堂教学中，“我说你听，我问你答”的单向信息交流的课堂教学方式仍然普遍存在。把学生的学习状态进行细分，你会发现在40多个人的班级里，分摊到每个学生讲的时间是很少的，因而学生在课堂上大部分的时间就是在听。

学生真的在听吗？我在很多学校的调研中发现，采用“我说你听，我问你答”的教学方式的课堂，在20分钟后，低学段的学生开始心不在焉，出现玩笔、玩纸等小动作。如果这时候还不改变教学方式，开小差的学生将进一步增多，同学之间互相影响，学生不能继续听下去了。高学段的学生，20分钟后，则有个别学生目光涣散。若不改变教学方式，则后阶段，学生变得越来越安静，课堂成了教师和个别学生的表演。

心理学从学生学习注意保持的视角，得出以下结论：语文课上，教师单一讲授方式，导致学生学习两周后，注意保持的比例最低，只有5%；而通过学生讨论、学生实践，可使学生达到较高的注意保持率，分别为50%和75%；学生教别人，也就是应用所学知识的方法，将达到最高的注意保持率90%。然而教师对教学方式的采用率，则是截然不同的状态（如图3-2所示）。

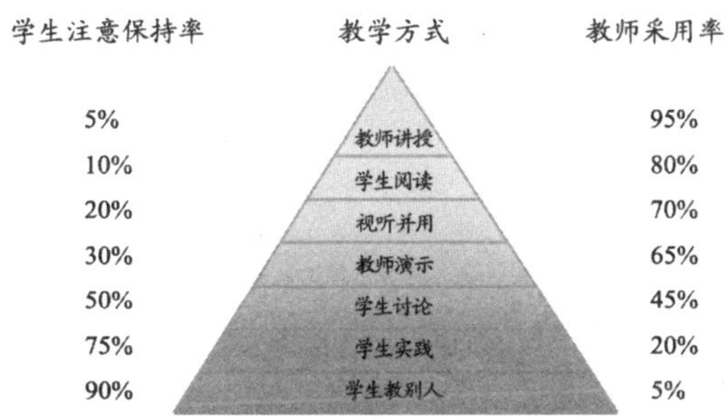

图3-2　不同教学方式下的学生注意保持率和教师采用率

图 3-3　秧田式座位编排

也就是说，我们大多数教师一直用最低效的方式开展学习活动。可是为什么教师还是乐此不疲呢？那是因为教师权威的角色没有转变过来。无论是家长还是教师，都是以专心听讲作为评价好学生的标准；实际上，专心听讲的学生不一定就很优秀，积极思考甚至是批判性思考的学生反而要优秀得多。但是因为学生专心听讲，教师组织课堂省力省心，若是采用学生讨论、实践等教学方式，则很考验教师的教学水平，所以个别教师宁愿让学生静静地听，也不希望课堂太活跃。有些教师由于管不住学生，为了预防学生开小差，就在座位上进行秧田式安排（如图 3-3 所示），把学生隔离开来。

如何盘活我们的课堂？我认为必须要给学生创造更多交流展示的机会、更多思想碰撞的机会，扩大学生获取知识的渠道，学生可以在师生互动、生生互动中沟通交流，学会合作，习得知识，形成能力。

第一，互动。

一是师生互动，形成思维的磁场。这里的师生互动不仅仅是一问一答，为了得到最终的答案而进行的。日本著名教育家左藤学认为，师生是合作的共同体，教师更多时候是倾听者，善于发现学生的想法，以课文为媒介，把每一个学生的发言联结起来。在教师的串联下，师生间形成思维碰撞的磁场。

如当学生的发言偏离了问题的方向，教师可细心地提示，创造师生的互动。“某某同学说了……（概括其观点），你认为对吗？为什么？”随机提问他附近的一位学生，这样做既能引起学生注意专心听同学发言，又能培养学生边听边思考的习惯。我不主张学生一定要举手才能回答问题。据我观察发现，学生一般认为在课堂上只有自己举手了教师才会提问自己，不举手就没有回答问题的可能，于是放松了学习积极性，同学回答问题时，他也不会专心倾听。要形成师生的互动，得让学生养成倾听的习惯。所以，偶尔教师提问不举手的学生会促使学生时刻倾听，并准备补充或反驳。如果教师发现学生的学习状态不太好的时候，还可以点名发言、抽学号发言等。多问问学生："你还有什么意见？""你还有什么补充？""他们俩的观点有什么共同之处？"

二是生生互动，互助互学。

可以是同桌互说。在语言学习中，学生要表达比较复杂的内容是需要时间准备的。比如让学生概括课文的主要内容，要是教师一提问就让学生回答，有的学生也许真能马上说出来，但是其他的学生在答案面前就没有练习的机会了。如果先让学生私下练一练，同桌之间互相纠正，训练的效果往往会更好。

可以是同桌互学。二年级识字教学，当学生已经掌握一定的识字方法时，不需要教师或学生一字一字地讲，可把识字卡发给学生，同桌间互教互学，一人讲一人纠正。学生应用识字方法教其他学生，将达到最高的注意力保持率。

还可以是游戏互动。一堂语文课就是一场合唱，有轻有重，有张有弛，激昂配合抒情，跳跃配合悠长。游戏就是其中的协调剂，很多教师会在语文课上开展开火车读生字词、小组轮读课文、接力编故事（写故事）、词语接龙等活动把学生吸引到学习中来，语文课会更有趣味。

第二，合作。

小组合作学习已经成为课堂上普遍通用的教学方式，然而，在调研时我发现，很多教师误解了合作的定义，他们认为四个学生围在一起交流就是合作，其实不然，真正的合作学习是这样的：

一是要有合理的分组。小组基本上以男女混合的四人小组为宜。男女混编是为了激活合作性思维。教师可以将全班学生依据学生的学习能力，将学生分为 A、B、C 三层，教师先从 A 层学生中两两选出，分配到不同的小组，再从 B 层学生中两两选出分配到不同的小组，以此类推。组内的成员应具有以下特点：男女搭配合理；小组成员之间存在一定的互补性，避免将几个能力强、爱表现的“领导型”学生分在一组；各组的实力平均，有利于组与组之间开展合作活动，避免一个小组内不愿意抛头露面的“内向型”学生过于集中；确定小组的排列方式，可以是“‖”、“U”字形、矩形排列方式。

二是要有明确的分工。分工是为了合作，在合作学习中，小组不同成员承担不同的角色、不同的任务。大致可分为：组长（主持人）和组员。组员之间又可分为：一号组员主发言（主讲），二号、三号组员进行评价补充，四号组员记录兼发言（发言人）。小组合作里不需要领导者，合作学习中人人平等，组内的分工必须是定时（每周、每月）更换。务求让组内每个人都有机会当组长、主讲、评价补充、发言人。如果某个学生长期处于一个角色，是不利于学生的发展的。

三是组内有清晰的规矩和做法。每个组员不单要知道自己的分工，而且要知道如何合作。

一方面，倾听—反馈。在小组讨论过程中，要求主讲人先发言，其他人要认真倾听，要能听出别人发言的重点，对别人的发言要做出判断，补充自己的见解。在小组建设之初，可用以下的小组工作语言进行强化，以养成倾听的习惯。

一号组员：我的发言完毕，请其他组员补充。

二号、三号组员：我对………的意见有不同的看法，我要补充。

四号组员：我代表我们组发言……我发言完毕，其他组员有补充吗？

另一方面，互动—碰撞。小组合作学习让人人都有自我表现的机会，在小组中相互交流，彼此尊重，学会倾听，共同分享学习的快乐。例如，学习《跨越百年的美丽》一课中，教师设置了合作学习的环节，先布置合作学习任务：课题中的“美丽”表现在课文中哪些方面？请看小组是怎样互动学习的。

一号：我们一起来默读课文，用笔画出相关的句子，准备发言（组员齐读）。

一号：四号你先说。

四号：我认为“美丽”表现在她美丽端庄的形象，因为……（举例子）。

三号：我认为“美丽”表现在她对科学的执着追求，因为……（举例子）。

二号：我认为“美丽”表现在她对名利的轻视，她……（举例子）。

一号：好，我们就统一意见，她的“美丽”表现在美丽端庄的形象、对科学的执着追求、对名利的轻视……请四号记录好，准备发言。

组内碰撞后，教师会安排小组之间互动交流，实现组间碰撞。教师选二、三组发言人提出自己小组的讨论成果，然后组与组之间也可以补充。

四是教师要关照不能参与小组合作学习的学生。左藤学教授认为，跟不能参与同步教学的伤害相比，不能参与四人小组的合作学习的精神伤害更大。因此，在小组学习开始后不久，教师必须让学生一个不漏地参与合作学习，而不是单独地帮助不能参与小组学习的学生，个别回答他们提出的问题。教师必须做的是，让那些不能参与的学生同小组里的学生沟通起来。组内应形成一种氛围，遇到问题要主动求教：“我不明白……你能教我吗？”形成一种正确的小组价值观——合作互助，以帮助同学为乐，以获得帮助为乐。

五是小组合作学习的有效策略。

一方面，寻找思维碰撞点。一节课里，不是每个环节都要合作，不是每节课都要合作。关键是教师找到思维碰撞点，即需要学生合作解决的问题。

可以是有深度的问题。在实际教学中，由于有些教师选择合作学习的问题过于简单，学生不需要怎样努力就可以解决，这样只会让合作学习流于形式。合作学习选择的问题要具有一定的思维含量，它可以进行发散性思考，学生可以从不同的层面发表意见。如《威尼斯的小艇》可让学生思考问题："小艇与威尼斯人的生活有什么关系？"这问题需要学生联系全文来谈自己的看法，只取一隅，只得片面。又如，学习《金色的鱼钩》一文，可让学生思考：说说你对"在这个长满了红锈的鱼钩上，闪烁着灿烂的金色的光芒"这句话的理解。要理解这句话，学生必须是建立在理解全文的基础上，体会炊事班长崇高的革命精神才能回答，这就需要综合分析与探究讨论。

可以是有争议的问题。有些问题从文本的不同角度去看就有不同的解读，如四年级下册《中彩那天》，思考：父亲该不该退还彩票？从作者的角度去看，不退的理由很明显；从道德的角度去看，退了才让父亲内心踏实。又如四年级上册《乌塔》，思考：乌塔一个人去旅游好不好？在现实环境中，在安全与冒险之间如何选择，对学生而言，是具有挑战性的问题。教师可先让学生在小组内思维碰撞，再引申到组与组之间的思维碰撞。

还可以是有拓展的问题。有些问题没有标准答案，随着讨论的深入，学生对它的认识不断增强。如：学习《扁鹊治病》，这则寓言给你什么启发？同学 A 懂得了要多听从别人的意见；同学 B 懂得了防微杜渐，病向浅中医；同学 C 懂得了做事情要见微知著……学生从不同的角度进行交流，那么对寓言的寓意的理解是很深刻的。又如上作文课时，主题是观察某一物体，介绍物体的特征。可让学生在小组中进行观察，学生从不同的角度观察和发现，互相补充，使观察更全面细致。

另一方面，选择适合的时机。在教学中不能为了合作而合作，应根据教学环节和学生的实际情况选择恰当的时机进行合作学习。一般来说，合作学习应放在突破教学难点上，并且根据学生的特点，选择合适的时机开展。如二年级《北京亮起来了》，在教师带着学习第一、二小节，并授予学习方法后，到第三小节可以让小组合作学习，给每一小组下发学习单：

（1）用铅笔圈出这个自然段中介绍了哪几个地方的夜景。

（2）课文用了哪些词语来描写这些地方夜景的特点？用横线标出关键词。

（3）请用“北京的____________________（什么）亮起来了，它____________________（怎样）”的句式表达自己的观点。

教师在观察低学段的学生时就会发现，学生只专注于自己的学习，不善于与同学沟通。所以，在低学段学生中开展合作学习，必须要让学生清楚地知道要做什么、怎么做。所以，教师会先带着学生学习，渗透学习方法，再总结方法，这时候学生才能有效地合作学习。

不要忽视检测对学习的促进作用

朋友有些焦虑，孩子的语文期末成绩还不到 80 分。在此之前，她一直按照老师的要求督促孩子学习：除了认真做作业外，还大量阅读课外书，做阅读题和写作文。尽管她没少费心思，但是孩子一个学期努力下来的学习结果着实让她吓了一跳。她不知道问题在哪。

我让她把试卷拿给我看看。当我把孩子的试卷仔细分析一遍后，我给她结论："你的孩子的知识结构松散，字、词、句、阅读、习作都存在知识漏洞，漏洞不大，只是数量多，整合起来，失分就严重了。"我说："这种问题只要在复习的时候发现，可以花 2 周时间进行高效复习补回来的，你怎么没发现？"朋友喊冤："孩子一个学期只测两次，一次是期中考，一次是期末考。当发现问题的时候，已经是学期结束了。"

我不知道哪门子的理论，学习不检测，是减负还是耽误？布鲁姆把教学评价分为诊断性功能、形成性功能、终结性功能。由此可见，评价是基于学生的发展，基于过程的。通过终点相较于起点的进步状况，全面诊断学生的知识掌握程度和能力发展程度，继而调整教学策略和学习策略。检测是重要的评价手段之一，没必要谈分色变，一锤定音。

心理学上的连锁塑造效应就是通过小步骤反馈来达到学习目标的。也就是说，首先要把目标分成几个小目标，每完成一个小目标就要进行反馈或强化，最终达到大目标。我们看到的马戏团里海豚能够跃出水面穿越高高的火圈，猴子能够做一些简单的计算题，鸽子会啄彩色的圆盘而不啄别的地方，就是应用这个连锁塑造效应的原理。据说，鸽子在训练开始时，只要鸽子朝盘子这个方向稍微转动一下身体，饲养员就给鸽子喂食。这样，多次以后会发现，鸽子朝这个方向转动率明显提高。当鸽子经常做出这一行为时，饲养员就开始提要求了，只有鸽子转向圆盘这个方向时，才喂它食物。等鸽子经常向圆盘转动时，饲养员再次提高要求，只有当鸽子啄圆盘时才给它喂食。这样多次之后，就会惊奇地发现，鸽子真的学会啄圆盘了。

这种通过小步骤反馈来达到学习目标的做法同样适用于教育教学上。上海市中学特级教师刘京海提出课堂教学的“低、小、多、快”四字策略，它的原理与连锁塑造效应是一致的，这为我们在提高教学效益方面提供了成功的借鉴经验。“低”是低起点，摸清学生相关知识、基础能力和心理准备的实际，把目标放在学生努力一下就能实现的地方，教学的步子要小，使新旧知识产生联结，形成网络。“小”是小步子，根据学生实际，确定能达到的实际目标。教学的步子要小，把教学内容按由易到难、由简到繁的原则分解成合理的层次，然后分层渐进，把受挫的可能性减小到最低程度。“多”即多活动，针对学习困难学生注意时间短、记忆容量小、概括能力差等特点，改变教师大段讲解的倾向，采用师生活动交替进行的方法。“快”即快反馈，就是在每一层次的教学过程中，既有教师的“讲”，也有学生的“练”，还有教师的“查”。这种快速的反馈，可以把学生的进步变成有形的事实，使之受到鼓励，乐于接受下一个任务；又可以及时发现学生存在的问题，及时矫正乃至调整教学进度，从而有效地提高课堂教学的效益。如此不断循环，螺旋式上升。

我的一个学生的学习长期在低谷徘徊，一次又一次的打击让他对学习已经失去信心，最后他完全放弃了。他做题的速度变得很快，有多快呢？比如，英语测试时，听力还没听完，他已经全部填满了。细看一下，英语题答的不是英文而是数字。语文、数学也是一样，见题就填，答案让人啼笑皆非。有一次，他在一个题目只有 A 和 B 的选择题上，写上 C。我问他：“有 C 选项吗？”他脸红了，随即一副傻傻的样子。他真的傻吗？他不傻，他知道把作业填满了就能玩，他只是想腾出更多的时间玩而已。为此，我跟他共同制订了他的学习目标——把成绩提到合格。他答应了，其实，他内心深处是想学好的。为了达到这个目标，我给他设计了三个小目标：第一，审题；第二，按题目思考；第三，检查。而每个单元的检测，就是考查小目标的达成情况。如他在第一个单元没能很好地审题，我批评他，要求他在第二个单元的学习中，凡是做题，都要在题目上画出关键词。对他而言，这只是一个小小的举动，他很容易就能做到，经过一段时间的训练，他改掉了不读题目的习惯。于是在第二单元的测试时，他能做出一些难度低的题目了。这时，我又给他提出完成第二个目标的要求，我把一些题目的解题思路做成思维导图发给他，要他在做相关的题目时按思维导图的步骤走。为了督促他能真正做到，我让他的同桌——一位善良又热心的女孩辅导他怎样做。他要达成第二个小目标比较困难，用了约四个单元的时间才有起色，能做一些稍难一点的题了。到了期末复习，我让他在第三个目标上反复训练，期末测试终于及格了。在这个过程中，他看到自己的语文学习成绩一点一点地提高，慢慢地恢复了信心，语文课上，他开始积极地参与进来了。

实践证明，检测是评价的手段，只要不把它用在学生互相比较上，它对学习的促进作用是非常大的。

最朴实的情怀就是把课上好

儿子第一次跟他的美国老师学习英语口语课后显得特别开心，我打探道:“吉姆是个怎样的老师？”

儿子笑着说:“他很滑稽，很搞笑。”

原来，吉姆不太会说中文，为了让孩子们明白他的意思，他常常借助肢体语言来表达。有了丰富的肢体语言和夸张的表情辅助，英语变得生动有趣。听儿子说，这个老师很好玩。为了让他们认识单词，他把自己关在洗手间里，直到孩子们把单词响亮地背下来，他才愿意出来。于是，孩子们个个兴奋活跃起来，争着背单词，非要把老师“救”出来不可。

虽然我没听过他们的英语课，但是我感觉59岁的吉姆是个不折不扣的老顽童，他把自己化身成小孩，一下子走进他们的世界，孩子们在活动中学习，在玩乐中进步。对于小孩子而言，他们不像初中生、高中生那样知道“知识改变命运”，知道“要考上好的大学”，知道“要用知识填充大脑，用知识应对社会”。激发孩子们的学习兴趣，调动他们学习的积极性，这一节课就已经成功一半了。这里关键的是老师要有一颗爱心，浑身散发着爱的活力。因为爱，他们的思想不会枯竭，内心充实光明，愉悦积极，活力四射；因为爱，他们会换位思考，设身处地地设计适合孩子发展的教学方法；也因为爱，他们会严格要求自己，不断地学习，与时俱进。

吉姆的做法告诉我，活力与年龄无关，与心态相连。在学校调研时，我发现一种现象，凡是在听课前主动介绍自己离退休还有多少年的老师，他的课一般是沉闷的，方法单一死板。他们以年龄作为借口，拒绝新的知识、新的理念，好像世界的变化与他无关，他们一直在重复着多年前的工作，心里盼望着退休日子的到来。记得在一次教学质量分析会上，某学校的教导主任讲到个别老师存在不良心态的问题时，他激动地说："他们的心硬化了。"

如果说教育情怀是活力之源，那么危机感就是保鲜剂。我经常有机会与培训机构的老师接触，谈得投机的几位已经成了好朋友。在他们身上，我看不到一丁点的慵懒，也许慵懒的已经被淘汰掉了。一次因为小测成绩不太好，家长在群里质问原因，一位年轻的数学老师写了近四百字的回复，把试卷的难度、孩子的接受力、可能存在的问题、将要调整的策略都解释清楚，家长转怒为喜，最后千谢万谢。因为从她的回复当中，可以看到她的用心与用功。

在一家优质民办学校当语文老师的好友利用暑假去北京参加"儿童播音主持"等级培训，学费 6000 元，加上车费、住宿费，合算是 1 万元以上，而且全部自费。她说多一项技能、多一张证书，就可以做更多的事情。她打开自己的工作思路，不但把语文教好，还将语言项目发展起来，既实现了自己的价值，又不让自己的工作陷入一潭死水，了无生趣。

其实，我何尝不担心自己有朝一日会产生职业倦怠。想想我们的学生每天风雨无阻地来到学校学习，课后克服多少贪玩的欲望，正襟危坐地在教室里写作业、复习。他们的父母每天辛苦地工作，心里还惦记着自己的孩子学得怎么样，他们对孩子充满殷切的期望，希望自己的孩子与知识相伴，与智者同行，憧憬孩子有出息，将来出人头地。因此，教师必须时刻告诫自己，保持一颗初心。说白了，凭良心做事就是最普通的道理。把课上好，就是最实在的事、最朴实的情怀。

第四章

教学工作手记

爱学生，教师就要以良好的专业素养成就学生的发展。离开了专业，一切的爱都是空谈。专业是教师的安身立命之本。教师也只有坚守专业，才能在教育路上走得更远……

应用思维导图，提高读写能力

《义务教育语文课程标准（2011年版）》指出："语文课程致力于培养学生的语言文字运用能力，提升学生的综合素养，为学好其他课程打下基础。"其中，语言文字运用能力的核心是什么？借用吴忠豪教授的观点解读："对小学来说，学语文首先就是学语言——正确理解和运用祖国的语言文字。"读是理解，写是运用，立足于读，着眼于写，因此，语用能力的核心是读写能力。

然而，最薄弱的能力往往就是读写能力，具体表现在对阅读材料无法深入理解和综合推理分析，从作业及检测情况上看，只要是涉及有思维性的题目，正确率就滑坡，且视野狭窄，写作时思路堵塞，不能有条理地表达。因此，师生需要开发一种有效的思维工具作为教师教学的辅助和读写的拐杖，解开畏难心结，提高学习效率。这个工具就是思维导图，它是利用关键词和关键图像对信息进行存储、组织和优化排序的一种方法。它按照大脑思考的模式被创造，是一种可视化思维。阅读的核心是抓住关键词句进行深度加工，写作的过程就是把思想碎片有序重组和呈现，它与思维导图的运作方式是相似的。因此，思维导图可以作为教与学的工具引入语文教学，使学生在进行读写的时候能展开清晰的思维路径，提升读写能力。

第一，思维导图助力预学。

台湾地区学习力训练师胡雅茹认为阅读理解能力分四个层次。第一层次是掌握关键要素；第二层次是掌握重点间的逻辑关系；第三层次是了解隐含的意义与自己的关系；第四层次是如何运用在自己身上。很多学生读了一本书或一篇文章后，说不出文章讲了什么，重点是什么，理解只停留在表面。主要原因是第一、二层次出了问题，以致后面的阅读无法深入。为使学生对读过的课文留有痕迹，弄清文章的脉络，我让学生在每篇课文学习前都得画一张思维导图，提炼关键要素，搭建文章的组织架构，把行文脉络画出来。步骤有：阅读文章，一边读一边用关键词概括要点信息；提炼中心主题，并分辨主要关键词与次要关键词；用线条有层次、有条理地把关键词搭建起来，形成思维导图（见图 4-1）。

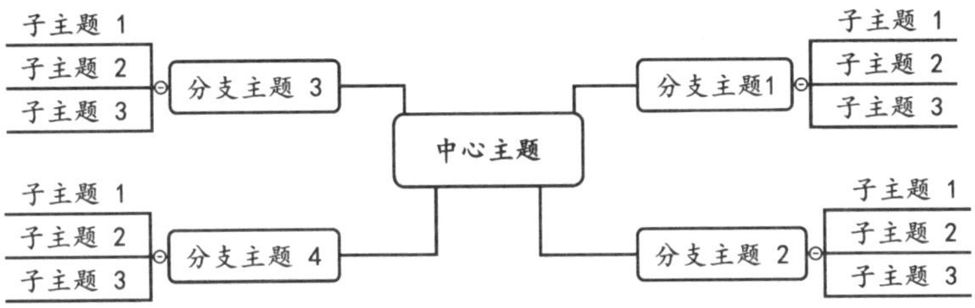

图 4-1　思维导图基础框架结构

在绘制思维导图的过程中，有效地提炼关键词是绘制思维导图的关键。那么，在阅读文章时要如何提取关键信息呢？王荣生说："阅读方法与文本体式相关联。不同体式、不同类型的作品，应该看的地方不一样，看出来的内容也不一样。"因此，我根据文体的不同，总结了以下关注点，让学生有目的地提取关键信息。

表 4–1　不同文体关键信息提炼指引表

文体类型	要提炼的关键信息
记事类的记叙文	人、事、地、物、起因、经过、结果、道理（寓意）
写人的记叙文	事件、人物特点 / 人物形象
状物类散文	分类、特征
写景类散文	景、特征
说明文	定义、分类、特征、因果关系
议论文	论点、论据和论证

课前按以上步骤制作了思维导图后，我发现课中让学生概括主要内容，正确率有大幅度地提高。学生在理解课文时，也加快了提取信息的

速度，有效地把握文本内容，使理解从浅层走向深入。

第二，思维导图助力思考。

东尼·博赞认为，若把大脑思考的过程可视化，它能辐射出多感官和色彩的关联。每个辐射分支可以扩展其关联。每个分支可以支持关键图像或关键字，然后继续无限辐射，这种放射状的排列方式，易于刺激思考。它的这一特质确定它可以作为思考的工具，对阅读材料进行归类、整理、分析、推理、发散。这样就能立足全篇，厘清文章前后之间的联系，理解关键词句包含的情感、意蕴以及文章写作的思路结构等。如教学《鲸》一课时，我与学生们合作完成以下思维导图（见图 4-2），全方位认识鲸。

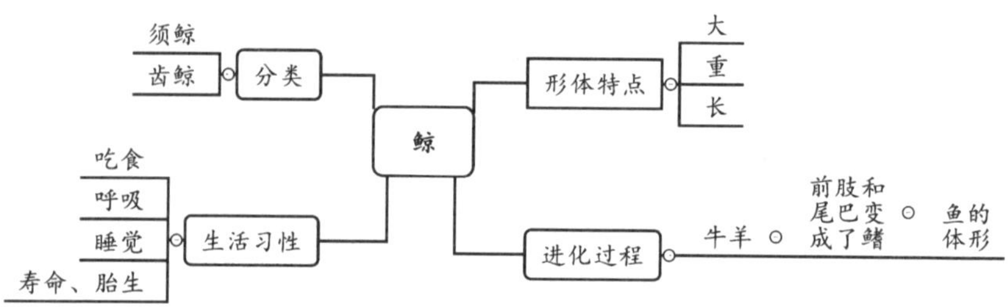

图 4-2 《鲸》思维导图（一）

师：观察思维导图，作者是从哪几个方面介绍鲸的？

生：作者从形体特点、进化过程、分类、生活习性四方面介绍鲸。

师：如何进一步细述四方面的特点？

生 1：作者是从鲸的大小、重量、长度三个角度把鲸的形体特点写具体的。

生 2：作者是按时间顺序把鲸的进化过程写具体的。

生 3：作者分别写了须鲸、齿鲸，还有蓝鲸的主要区别，把鲸的种类写具体。

生 4：作者从鲸的吃食、呼吸、睡觉、寿命、胎生这些方面，把鲸的生活习惯写具体了。

通过这样的对话，学生不但认识了鲸的特点，而且认识了文章的基本架构，从观察各段之间的呼应关系中思考作者从哪个角度组建材料，习得作者布局谋篇的思路。但仅仅这些还不够，我进一步引导学生借助思维导图，走进文本，思考作者是如何把鲸的特点写清楚的，从而学习说明文的语言特色。

师：作者用了哪些说明方法，把鲸的特点写清楚的，这样写有什么好处？

生 1：文中第一自然段写道："不少人看过象，都说象是很大的动物。其实还有比象大得多的动物，那就是鲸。"这里用了作比较的说明方法，把鲸与象作比较，写出了鲸是很大的动物。

生 2："鲸的种类很多，总的来说可以分为两大类：一类是须鲸，没有牙齿；一类是齿鲸，有锋利的牙齿。"这里用了分类别的说明方法，把鲸的种类说清楚了。

……

我根据学生不同的回答进行相应地补充，完成了一份更完整的思维导图（见图 4–3）。

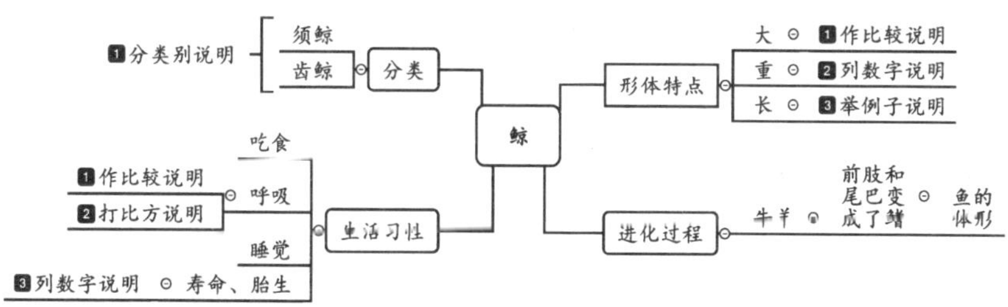

图 4–3 《鲸》思维导图（二）

借助思维导图，以鲸的特点为分支辐射展开，再撷取文章使用说明方法的句子，进行层层地品读赏析，体会说明文科学性和条理性以及语言准确、生动的写作特点。

第三，思维导图助力结构仿写。

孙易新从许多运用思维导图法作为写作构思的论文研究中发现，思维导图法对写作时的“立意取材”“结构组织”“遣词造句”有显著的功效，而培养作文能力先从仿写着手。在教学实践中，思维导图法应用于仿写，最有效的方法就是结构仿写。先以课文为例，建立文章的组织结构，然后去除内容信息，只留下结构，换个新主题，根据原结构将新内容以关键词的方式填入思维导图，最后依照思维导图的结构与内容仿写一篇。如在《鲸》一文的教学中，课堂上使用《鲸》的思维导图进行分析理解后，可把思维导图转换成另一种形式，借此完成课后的小练笔：根据课文和自己搜集的资料，以“鲸的自述”为内容写一篇短文。

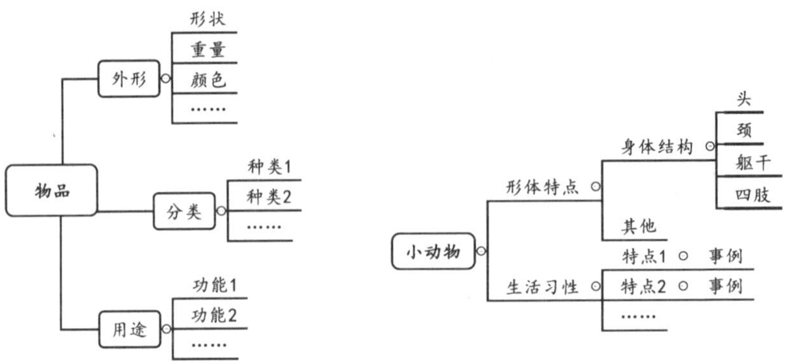

图 4-4　由《鲸》一文衍生出来的写作结构图

从阅读中习得写作方法，读写一体，长期这样训练可以积累大量的不同的写作结构图。那么，当接到写作任务时，学生会根据题材的不同，在脑海里搜索合适的写作结构图，用此组建思想碎片，使之有序地组合，呈现自己的思维状态。

第四，思维导图助力语言转化。

用思维导图是解决写作课上思路堵塞问题最有效的方法之一。思维导图是把思考过程可视化。写作前，先确定一个主题，再由这个主题联想开去，一路发散延伸，联想得越多，内容越丰富。搭起了整篇作文的框架后，再计划每部分准备用什么描写方法把内容写具体、写生动，并做上标记。如《鲸》一文所处的第三单元作文要求：阅读了四篇说明文之后，学生也来练习写一写说明文。旨在鼓励将阅读中习得的说明文的表达方法及时运用到习作中去，使学生在习作实践中不断提高表达能力，热爱科学教育，陶冶生活情趣。因此，我让学生应用《鲸》一文中学到的说明文写作结构进行联想展开，制作介绍商品的思维导图。

研究表明：大脑有一种需要通过词汇和意象填充空白以求整体的自然倾向。思维导图的结构正好满足了这种倾向。从儿童心理学的角度来看，儿童奇特的想象近似于原生态的绘画表现形式。绘图是儿童认识世界，同外界进行交流的手段与工具。当学生画好思维导图后，学生们在小组内进行演说。利用分支上的关键词展开联想，描述画面。这时候，他们表现得跃跃欲试，眼里波动着兴奋的光彩。当学生把要写的内容讲通了，就能很顺利地把口头语言转换成书面语言，这时候学生照着思维导图一步一步地写，如流水一样顺畅。

在新加坡，思维导图是小学生必学的思维工具，学生从小就能利用工具熟练地学习。有学者认为，要让学生掌握一种思维方法，教师是教不出来的，但只要给学生一个工具，学生在实践中自然能领悟。实践也证明，思维导图能帮助学生快速抓住要点，提出想法，促进创意，使阅读更快速，想法更有创意，思维更有结构，过程更好玩。

应用思维导图，读懂长篇文章

学生到了高学段，学习长篇文章开始觉得困难了。在长篇课文的教学中，我经常看到有些学生已经读完了，有些学生只读到一半，他们的阅读速度很不一致。读完了，意味着接收到文本的信息吗？不是的，在实际的阅读中，很多学生并没有了解文字表面的意思，在复述内容时张冠李戴或者无法概括主要内容，离开了这一步，很难走进文本直抵中心。一节课的教学时间是固定的，学习长篇课文与学习短篇课文一样，既要读通，又要分析理解，还要拓展训练，时间变得很紧张。 所以，在公开课的教学内容选择上，很少老师会选长篇课文 ，而学生学习长篇课文也明显比学习短篇课文要吃力一些。如何解决这个问题呢？我经过实验摸索，发现应用思维导图可以让学生快速理清文章脉络，整体把握内容，直接落脚重点，进行深度对话。具体表现为以下三点。

第一，提取关键要素，理清脉络。

东尼·博赞认为，阅读是个人与符号信息之间完整的相互作用的过程，包括识别、吸收、领悟、理解、保持、回忆、交流七个步骤。在教学中，我发现有些学生阅读后，如果让他把原来的文字回想起来，他连一个字都回想不起来，也就是无法进行识别和吸收这两个步骤。但是如果在读前，先提出问题，让学生带着问题阅读，文本信息在学生脑海里保留的量会增加。因此，阅读一篇文章，能抓住关键要素，从而把握重点，非常重要。如何把握关键要素？

一是检索关键词。检索就是学生阅读时拥有用正确关键词搜寻重点进行阅读的能力，也就是说，在快速浏览中也能找到正确关键词而抓住重点的能力。在阅读时，为了吸引信息，我们的眼睛会小幅度地常规跳跃、停顿或凝视。当眼睛在短暂的停顿时，就能锁定并掌握它。如下文，我让学生一边读一边画关键词。

资料袋：

《水浒传》是我国著名的古代长篇小说，写的是北宋末年以宋江为首的一百零八人在水泊梁山起义的故事，形象地描绘了农民起义从发生、发展到失败的全过程。作者是元末明初的施耐庵，还有种说法，作者是施耐庵和罗贯中。

把关键词串联起来就变成:《水浒传》是元末明初施耐庵写的，讲的是北宋末年以宋江为首的一百零八人在梁山起义的故事。

刚开始学习检索时，让学生画关键词，以提醒学生关注重点词，待学生熟练地在关键处停顿时，可放手不画，用短暂的目光锁定代替，这样就可以加快检索的速度。

二是用关键词或图像概括文本信息。关键词不仅本身是词语，也是与这个词相关的一切事物的象征。关键图像是与关键词相关的图像，能刺激大脑的左右半球来利用所有的感官。东尼·博赞认为，高效关键词应该具有以下特征：一定要触发正确的记忆；不应该过多地描述；要能唤起脑海中的特殊图像；一定能概述信息。

要提取具备以上特征的关键词，可以引导学生根据各段的主要意思用概括小标题表示或者摘取各段的中心词，然后整理成阅读笔记，做成思维导图，学生就能很快地把握全文。如让学生读《再见了，亲人》一文，可以用以下的关键词做阅读笔记：

大娘　　送打糕　　救伤员

小金花　　唱歌谣　　救老王　　妈妈牺牲

大嫂　　挖野菜　　腿伤残

学生再根据主次，搭建逻辑框架，使各个关键词之间建立有序的联系，最后画出思维导图（见图 4-5）。

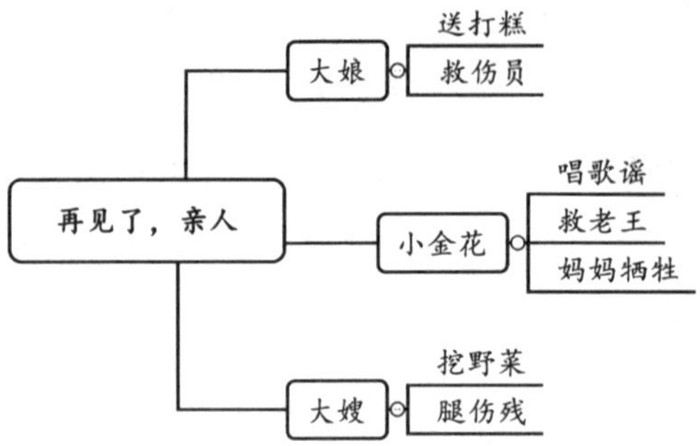

图 4-5 《再见了，亲人》思维导图

可见，读长篇文章时用关键词做阅读笔记，能快速地提炼关键信息，解决学生读过以后不知其意的问题。而且，用关键词构成的思维导图让大脑从关键词或图像中触发对文本内容的回忆，触发对与文本相伴而生的信息的回忆和进一步的思考。

第二，立足全篇，理解语言隐藏密码。

学生读长篇文章，除了读后脑海里保留不了信息以外，还有一个重要的问题，就是哪怕学生能复述课文内容，但是对文本的关键要素还是无法理解的，于是出现了理解字词句背后隐含的意蕴只从一个方面断章取义的现象，这样就不能真正地解读文本。正如王荣生所说："如果我们在文本解读时见树不见林，得到的印象必定是支离破碎，抓住片言只语得出的解读，是很容易违背原意的。"所以，教师要创立条件让学生立足于全篇，根据文章前后之间的联系，理解字词句所包含的意蕴及作者的写作意图，而思维导图可助力学生整体分析理解，破解语言隐藏的密码。

一是应用思维导图综合分析。如我在讲《将相和》一文时，绘制思维导图（见图 4-6）。

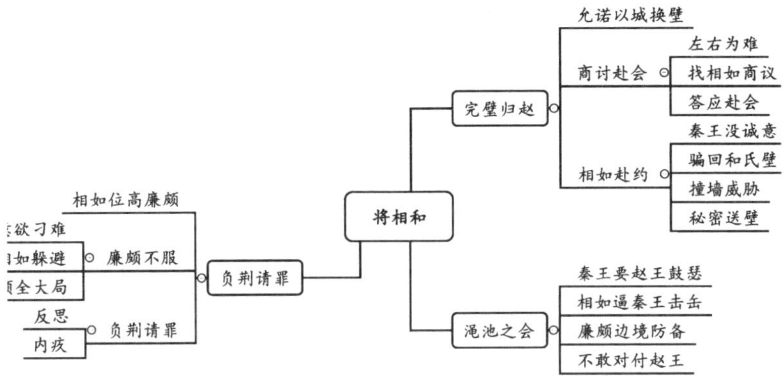

图 4-6 《将相和》思维导图

然后展开了以下的对话：

师：从思维导图可见，蔺相如是个怎样的人？

生 1：他是个勇敢的人，因为他两次以死相逼秦王，维护了国家利益。

生 2：他是个足智多谋的人，因为他想到了以举行隆重盛典为借口拖延时间，暗中让人把和氏璧送回赵国。

生 3：……

师：从思维导图可见，廉颇是个怎样的人？

生 1：他骁勇善战，因为在渑池会上，秦王知道廉颇在边境防备才不敢对付赵王，说明他战无不胜。

生 2：他心胸狭窄，因为他看到蔺相如职位比他高，他就不服气，要和蔺相如过不去。

生 3：……

师：再看思维导图，说说三个故事之间的联系。

生："渑池之会"是"完璧归赵"的发展，"完璧归赵"和"渑池之会"又是"负荆请罪"的起因。

这样，思维导图给学生展示了整篇文章的脉络，学生在分析问题时就可以统领全篇进行思考，探讨问题更深入和全面。

二是应用思维导图对比阅读，发现规律。人教版五年级下册第五单元的习作是对长篇文章的缩写。众所周知，教学生把内容复杂、篇幅较长的文章压缩是比较困难的，因为学生必须分析、综合、理解和概括这个过程。于是，我借用思维导图为学习的拐杖，以教材中的《景阳冈》缩写范文与原文作对比，让学生发现缩写的方法。

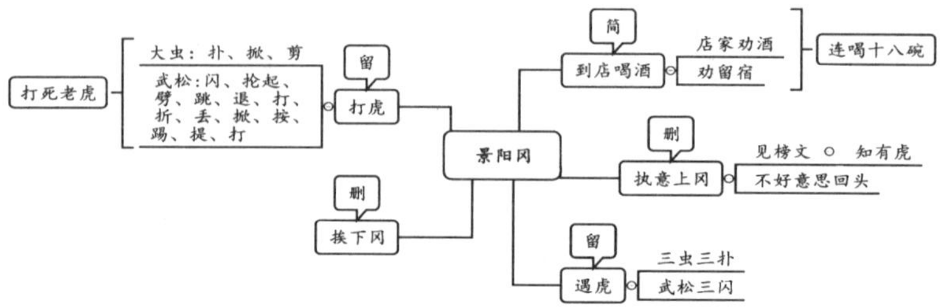

图 4–7　《景阳冈》思维导图

1. 对比阅读《景阳冈》缩写范文与原文，说说你发现了什么。

2. 根据学生的回答，教师绘制思维导图（见图 4–7）。

3. 师生通过观察发现：缩写是对原文的压缩，是在中心思想和主要内容不变的前提下，把长文章缩成短文章。方法是保留中心意思；不能突出中心但能起到衬托铺垫作用的内容可简洁概括甚至一笔带过；与中心无关的内容可直接删去。

4. 阅读长文章《金色的鱼钩》，画思维导图。

5. 对照自己画的思维导图，分析：哪些内容必须保留？哪些内容可以删减？哪些内容可以简洁地一笔带过？

6. 根据标记过的思维导图，复述文章内容，再写下来。

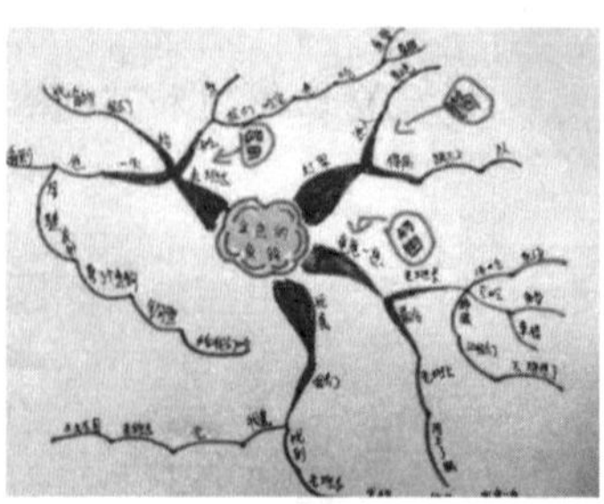

图 4–8　学生堂上作品（一）

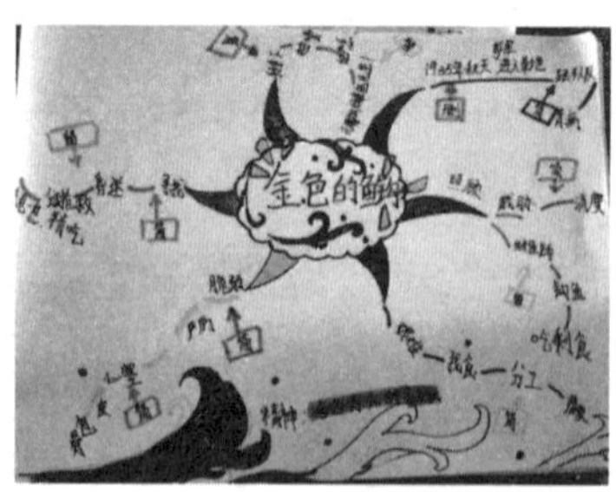

图 4–9　学生堂上作品（二）

运用了思维导图，缩写文章就有了思考的拐杖，学生以此进行分析、理解、综合、概括，把缩写化难为易。经启发后，最快的学生用 19 分钟完成《金色的鱼钩》缩写，有一半的学生花 25 分钟完成。

三是应用思维导图理解含义深刻的词句。特殊的词句含有深层含义，理解其背后的意蕴就相当于理解中心主旨。但是理解含义深刻的词往往不能仅仅从字面理解，必须联系上下文以及自己的生活经验去理解，把相关的信息罗列整合，更有利于学生对词句的深入理解。如我执教《草船借箭》一文，文章虽然长，但是核心词就是"神机妙算"。于是，我设计了以下教学步骤，借助思维导图引导学生深入理解"神机妙算"一词。

1. 文中哪些地方表现了诸葛亮的神机妙算，请一边读一边画出相关的句子，并提炼关键词，整理成思维导图。

2. 让学生读书，画句子，提炼关键词，画图。

3. 师生交流，从知天文、知地理、知人心三个角度品读相关句子，体会诸葛亮的"神机妙算"。

4. 展示学生的思维导图，让学生依据思维导图，小结诸葛亮如何"神机妙算"。

这样，学生对"神机妙算"的理解就能纵览全文，从各个角度体会到诸葛亮的足智多谋、神机妙算。

第三，发散延伸，重建认识。

长文章虽然长，但是借助思维导图的帮助，我们可以快速疏理脉络，在关键处、要紧处提问切入，走向语言的幽深处，进而引导学生突破疑点、难点，甚至我们还能发散延伸，开阔学生视野，重建新认识。如在《草船借箭》一文中，我让学生结合课文内容赏析了诸葛亮、鲁肃、周瑜的人物形象。学生认识到周瑜是个心胸狭窄、忌妒心强的人。我再让学生阅读《赤壁之战》，让学生填补思维导图（见图 4-10），分析两篇文章中周瑜的形象分别是怎样的。

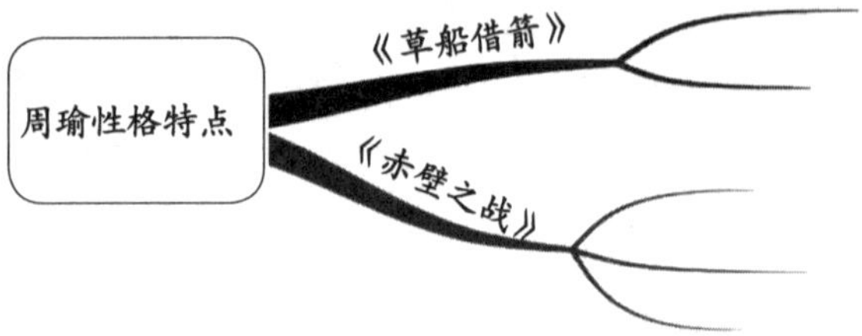

图 4-10　周瑜性格特点思维导图分析框架

通过对比阅读，使学生认识到周瑜虽然心胸狭窄，但同诸葛亮一样，是才智过人、智勇双全的。这样，学生能理解到人物性格的多样性，认识到成功的小说往往从多方面塑造人物形象，给读者展现一个立体的人。然后，我再进一步推荐阅读《三国演义》，让学生走进原著，认识更多风流人物。

阅读的核心是抓住关键词句进行深度的加工，它与利用关键词和关键图像对信息进行存储、组织和优化排序的思维导图的运作方式是相似的。因此，应用思维导图进行长文章的阅读，可以打破传统灌输的、僵化的教学形式，加快阅读和理解的速度，使语文课堂有趣而有吸引力。

应用思维导图，对习作进行布局谋篇

一般情况下，学生习作的思维路径是把脑海中的记忆碎片提取出来，想到啥写啥。所以学生的作文经常出现写作思路混乱、逻辑不清、流水账、虎头蛇尾等情况。其根本的原因是在酝酿习作的环节里缺失了立意、构思的过程，也就是说，当学生提取了写作材料以后，不知道如何精心安排和布局谋篇。《义务教育语文课程标准（2011 年版）》关于写作教学实施建议中指出：写作教学应抓住取材、立意、构思、起草、加工等环节，指导学生在写作实践中学会写作。可见，“取材、立意、构思、起草、加工”这些环节在写作过程中缺一不可，而在实际教学中发现，学生“立意、构思”的环节是最难落地的。

思维导图就是利用关键词和关键图像对信息进行存储、组织和优化排序的运作方式，它是一种可视化思维。我在“应用思维导图，提高学生读写能力”的课题研究中发现，把思维导图应用于写作，更有利于学生把思想碎片也就是写作材料有序重组和呈现。为了突出中心，增强文章的表现力，学生们可以对着思维导图进行构思：哪部分先写，哪部分后写，哪部分详细写，哪部分略写，哪部分运用什么描写方法……形成了清晰的写作计划，学生的习作就可以做到“言之有物，言之有序”。现在我结合人教版五年级下册的“写一个特点鲜明的人”为教学案例，介绍如何指导学生应用思维导图，进行习作布局谋篇。

第一，作前素材搜集，丰富写作内容。

人教版教材循序渐进地安排了写人的习作训练，每个年级的侧重点是有所不同的。而五年级下册的人物描写则是侧重于人物的神态、心理、动作的细节描写。学生在整个单元的人物描写的课文学习后，已经掌握了人物描写的方法，但是如何运用于习作中呢？在作前，要进行有目的地观察准备描写的人物的特点，通过收集具体的事例表现人物特点。为此，作前我让学生启动自己的各个感官在生活中观察一个人，完成以下练习：

请观察令你印象深刻的一个人，从以下方面记录他的特点。

观察对象	人物特点	具体表现的事例	你认为哪一种人物描写方式更能突出他的特点？

第二，课中选材，突出“鲜明”。

生活中可写的材料多如牛毛，经过作前的素材搜集，学生们从多方面观察一个人，对自己印象深刻的人已经有立体的认识。在实际中观察，学生最难把握的就是对“鲜明”的理解。怎样才算“鲜明”？用什么办法把人物的“鲜明”特点表现出来？我做了以下的安排。

1. 游戏：猜猜他是谁——认识“鲜明”

要求：根据提示，猜猜本单元课文出现过的人物。

①机灵敏捷、富有心计。（　　　　　　　　）

②爱财胜过生命。（　　　　　　　　）

③见钱眼开。（　　　　　　　　）

④泼辣张狂，善于察言观色。（　　　　　　　　）

⑤技艺高超。（　　　　　　　　）

小结：“鲜明”就是一看到这个特点，马上能联想到某个人，仿佛他身上就烙着这个印记，让人过目不忘。

2. 游戏：快速说特点——发现“鲜明”

要求：老师点到班里哪个人的名字，请同学们快速用一个词表现他的特点。

小结：“鲜明”就是一看到这个人，马上能联想到他的某个特点，这个特点仿佛就是他的标志。

3. 筛选素材

要求：拿出课前观察记录表，请在表格的三个特点中，筛选一个最鲜明的、最能表现他的个人形象的特点，打“√”。

（1）说说你写的人是谁，要写他的哪个鲜明的特点。

（2）你喜欢哪个题目？为什么？

“智多星”徐少聪　　冯泺怡的不凡　　徐慧恩的古灵精怪

（3）确定本次习作的题目作为思维导图的主题。

小结： 主题鲜明的题目会给人留下深刻的印象，具有吸引别人读下去的魅力。

第三，搭建思维框架，绘制思维导图。

回顾本单元学到的人物描写的课文，都有一个共同的特点，就是用具体的事例表现人物的鲜明特点，所以我请学生们结合“作前观察表”，回忆事件，把事情发展的经过用思维导图呈现出来。为了让学生表达得更有条理，我提供了两个写作结构图给学生们参考，当然，也允许学生使用其他写作结构图。

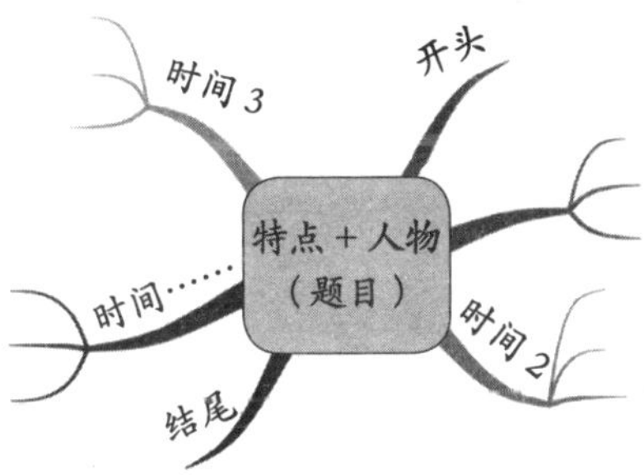

图 4-11　按时间先后顺序

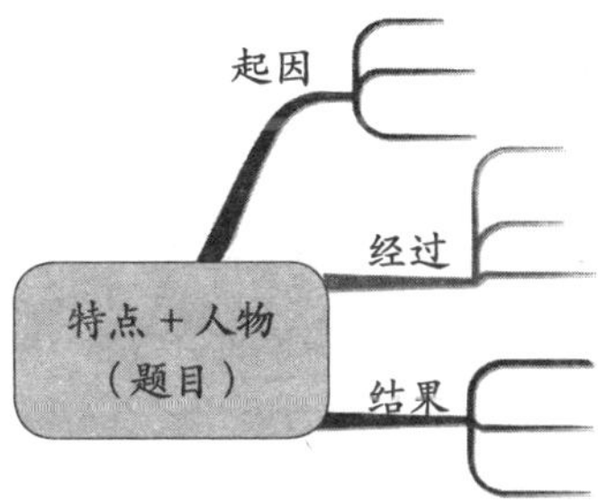

图 4-12　按事情发展顺序

写作结构就是一篇文章的组织结构，最大的用处就是引导学生把记忆中提取的素材有序地搭建和布局，包括了人物、事件的起承转合之间的设计，层次与段落之配置，文脉贯穿等。实践证明，学生画好思维导图后，文章的脉络已经在脑海里生长起来，写出来的文章是层次分明、布局有序的。

第四，分析思维导图，布局写法。

当学生用10分钟时间，利用事件的关键词搭建出文章的思维导图后，还得继续引导学生布局每部分应该怎样写，而这样做的目的只有一个——突出中心。“写一个特点鲜明的人”的中心就是突出人物形象，为此，我让学生用标记的方式在思维导图上加以标注。一是标注详写部分。二是在详写部分再标注文中使用人物描写的方法。

第五，定格镜头，放慢描述。

在写作教学中，我发现学生经常出现虎头蛇尾、中心不突出的现象。当写到“重点”部分，哪怕学生知道要“慢镜头”描述，做起来还是比较困难的。有些学生为了详写而详写，他把当中的每一个细节都如同白开水一样倒出来，虽然详略得当，却少了一分活灵活现。所以，在思维导图的帮助下，我让学生把注意力定格于突出中心的关键部分，引导学生使用人物描写方法详细地说，以此攻破难点。我是这样引导的：

师：（引导）在写作教学中，我发现同学们经常出现虎头蛇尾、中心不突出的现象。怎样突出中心呢？我们可以学习第七单元的作家们是怎么处理的。徐光耀要表现小嘎子机灵、富有心计的特点，把镜头定格在一系列的（学生回答：动作）描写中……

（出示句子）

起初，小嘎子精神抖擞，欺负对手傻大黑粗，动转不灵，围着他猴儿似的蹦来蹦去，总想使巧招，下冷绊子，仿佛很占了上风。

师：吴敬梓为了表现严监生爱财如命的特点，把镜头定格在一连串的（学生回答：动作细节）描写中……

（出示句子）

严监生喉咙里痰响得一进一出，一声不倒一声的，总不得断气，还把手从被单里拿出来，伸着两个指头。

他就把头摇了两三摇。

他把两眼瞪得溜圆，把头又狠狠摇了几摇，越发指得紧了。

他听了这话，把眼闭着摇，那手只是指着不动。

师：曹雪芹为了表现王熙凤善于察言观色、见风使舵的特点，把镜头定格在丰富的（学生回答：语言）描写中……

（出示句子）

这熙凤携着黛玉的手，上下细细地打谅了一回，仍送至贾母身边坐下，因笑道："天下真有这样标致的人物，我今儿才算见了！况且这通身的气派，竟不像老祖宗的外孙女儿，竟是个嫡亲的孙女，怨不得老祖宗天天口头心头一时不忘。只可怜我这妹妹这样命苦，怎么姑妈偏就去世了！"

师：马克·吐温为了表现托德见钱眼开的德性，把镜头定格在生动的（学生回答：神态）描写中……

（出示句子）

当他向那张钞票瞟了一眼的时候，这个笑容就马上牢牢地凝结起来了，变得毫无光彩，恰像你所看到的维苏威火山边上那些小块平地上凝固起来的波状的、满是蛆虫似的一片一片的熔岩一般。

所以，在写作时，我们要善于定格表现中心的镜头，再使用人物描写的方法慢慢地描述。

一方面，定格镜头，放慢描述。

观察自己的思维导图，定格其中一个最能突出中心的镜头，合理选择人物的外貌、神态、语言、动作、心理的描写方法，把这个关键片段说具体、说生动，让人听了立即能感受到鲜明的人物形象。

同桌之间互相练说，一个讲，一个评，用表 4-2 进行评议。

表 4-2 "写特点鲜明的一个人"练说评价表

评价内容	他评
事例能否突出中心？	能（　　）　否（　　）
能否用上人物描写方法？	能（　　）　否（　　）
能否用上修辞使描述更生动形象？	能（　　）　否（　　）
你听明白了吗？	能（　　）　否（　　）
请给他提一个建议：____________________	

另一方面，请一学生示范讲，全班用评价表点评。

如果说“搭建思维框架，绘制思维导图”部分是思维的可视化，那么“分析思维导图，布局写法”部分就是思维的分析和布局，而“定格镜头，放慢描述”部分更是思维的改良。在这部分里，学生们通过互评，寻找能突出人物鲜明特点的方法。如课堂上，学生徐少聪定格思维导图中一个最能突出他要写的人物——徐润权的“倔强”的特点进行描述，然而大部分的学生听后认为他没有突出“倔强”的特点。我请其他同学就此给他提建议，学生们来到实物投影屏幕前指着徐少聪的思维导图发表自己的看法。

有的说：“你应该把‘撞到膝盖’这部分的动作、神态描写具体，这样才显得他撞得不轻，但不哭不喊，很倔强。”

有的说：“你应该把‘笑迎家长’这部分的神态、语言写得轻松一些，说明他能忍痛接待，不耽误工作，很倔强。”

……

经过同学们的点评，徐少聪终于明白自己的不足，修改自己的写作思路。其他同学也从别人的点评中，明白了应该如何修正自己的写作，于是回看自己的思维导图，再次反思修正。

经过思维的呈现、分析、布局、改良后，学生做到胸有成竹，这时候，学生就能一气呵成地照着思维导图一步一步地把文章写出来，文字如泉涌，也就有了不写不快之感 。

应用思维导图，破解流水账作文

9~11 岁是儿童第二个思维发展飞跃时期，也是记忆力、理解力、表达力、思维力快速发展时期。

在实际教学中，我发现一个现象：有些学生由于之前的积累和家庭教育的帮助能顺利地飞跃，在课堂上往往能一语惊人，讲出意想不到的看法。可是有些学生就像还在蛹里挣扎的幼虫，在黑暗中找不到方向，总想突破又似乎没有进展，渐渐地成了旁观者。在写作方面尤为突出，因为写作是学生语文能力的综合表现。例如，有的学生读了很多书，却挤不出文章。有的学生口语表达能力很强，但是一动起笔来转成书面表达，就丢掉了生动与活力。写流水账作文是四五年级学生的通病，因为要达到字数要求，学生东一句西一句地凑，一件事情没有主次，白开水地倒出来，这样的文章总引不起别人读的欲望。

通过观察，我发现，学生在写作的时候手执笔杆，努力把脑海的画面转换成文字，这一刻对学生而言是最困难的，所以他们憋足劲地转换，像列车一样，只会向前，沿路看到什么画面转换成什么文字，列车太快了，以致没能写细、写活、写妙，成了记流水账。而他们没有意识到写作是思想的再现、情感的倾泻。写到动情处要停一停，细细地描述。我对学生说："写作不要光顾着走，要学会停。把自己当作摄影师，当你捕捉到能表现中心的镜头时，要定格，锁定画面。你还要缓慢地回放，细细描述。如何细？你把这一刻画面放慢镜头，把观察到的动作、神态，听到的语言，产生的心理感受都描述下来，使中心跃现，才能让读者明白你要表达的意图，打动读者。"

于是我借《冬阳·童年·骆驼队》一文教学生如何用"镜头法"（活动详情见图 4-13）。

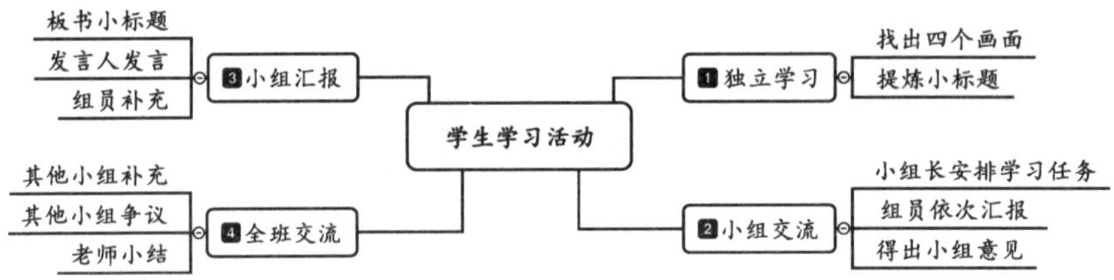

图 4-13　小组探究写作方法的学习过程

我说：“同学们，这是林海音回忆童年的文章。童年很遥远，童年发生的事情很多，不能每一件事都回忆。所以林海音把镜头定格在童年最难忘的画面，这是关于什么事物？”

学生答：“骆驼队。”

我板书“冬阳·童年·骆驼队”后，说：“读着题目，你脑海里浮现什么画面？”

学生把联想到的画面描述出来。

我布置学习任务：关于冬阳下的骆驼队，作者共定格了四个画面，请同学们读课文，用小标题概括出来。

我继续引导，根据小组汇报的结果，我们知道了林海音围绕回忆骆驼队定格了四个画面：看骆驼咀嚼，问骆驼铃铛，观骆驼脱毛，念骆驼回来。现在我们一起慢镜头重现“看骆驼咀嚼”，思考作者是怎样把它描述清楚的。

课件出示片段：

我站在骆驼的面前，看它们咀嚼的样子：那样丑的脸，那样长的牙，那样安静的态度。它们咀嚼的时候，上牙和下牙交错地磨来磨去，大鼻孔里冒着热气，白沫子沾在胡须上。我看呆了，自己的牙齿也动起来。

老师教给我，要学骆驼，沉得住气。看它从不着急，慢慢地走，总会到的；慢慢地嚼，总会吃饱的。骆驼队伍过来时，你会知道，打头儿的那一匹，长脖子底下总会系着一个铃铛，走起来，铛、铛、铛地响。

师生按以下脉络思考交流：

作者先描述________再描述__________，最后描述________。由此联想到________。这样详细地描述是为了写出骆驼的__________（特点），表现了“我”童年的__________（中心）。

学生在弄清了作者的写作思路后，我布置仿写任务：请模仿作者的这一种写法，锁定童年最难忘的一个画面，放慢镜头，描述出来。

题目：童年·________（中心）·_______（画面关键词）

学生在课堂上用 10 分钟完成。

为什么我要让学生先按要求填了题目再写？是为了强调“画面突出中心”这条写作的思路。流水账作文的特点是想到什么写什么，不经琢磨。要让学生意识到突出中心部分要详细描述，用修辞和描写方法把观察到的写下来。为此，在日常作文课上，我会让学生在思维导图上做标记，提醒自己文章的布局要详略得当。（见图 4-14）

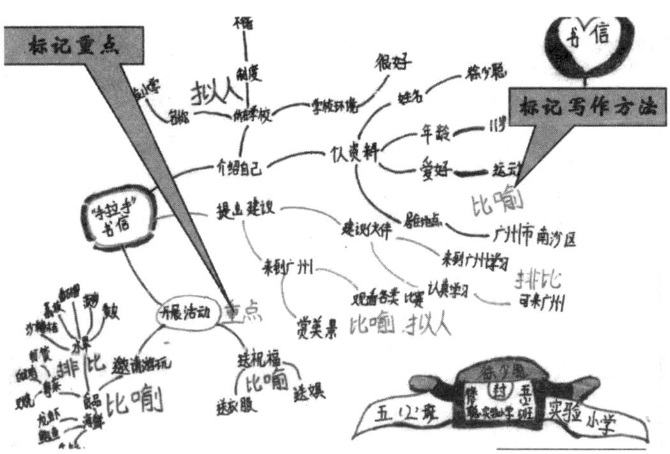

图 4-14　学生在思维导图上做标记

作文指导有方法可寻，借助镜头法和思维导图，学生就能有重点地而且生动地转换画面，写成文字，这时候学生的作文就不再是白开水、流水账了。

应用思维导图，助力语文期末复习

复习不等同于重复，更不是漫游题海，而是对所学的知识进行回顾、归纳、总结、提升，从而提高综合运用知识的能力。一个学期的内容多而繁杂，老师复习时常有无从入手之感。我借用思维导图作为工具，把内容梳理，分门别类，将知识要点理出一条清晰的脉络，既增加了复习的趣味性，又巩固了知识。

第一，无序变有序，制订复习计划图。

制订复习计划，把无序变有序很关键。如何把复习计划做得精准，从而用好每一节复习课呢？我采用“先测后学”的方法。考试是一种不常规却很有功效的学习方式。本尼迪克特·凯里在《如何学习》一书中指出考试有两大价值。一是大脑越是费尽力气地挖出某项记忆，那么对其再次学得的程度也就越深，因为提取能力与储存能力都被增强了。二是预考中展现的“无知”最有价值。它让学生注意到哪些是需要加以注意的重要概念，认清楚自己的知识漏洞在哪。

所以，复习伊始，我会进行一次综合测试，测试范围尽可能涉及五年级上册教材的主要方面。然后把综合测试中学生表现出来的知识盲区作为难点，知识弱区作为重点，最后把整册的学习内容归类，依据重难点确定复习的课时量，制订思维导图复习计划。（见图 4-15）

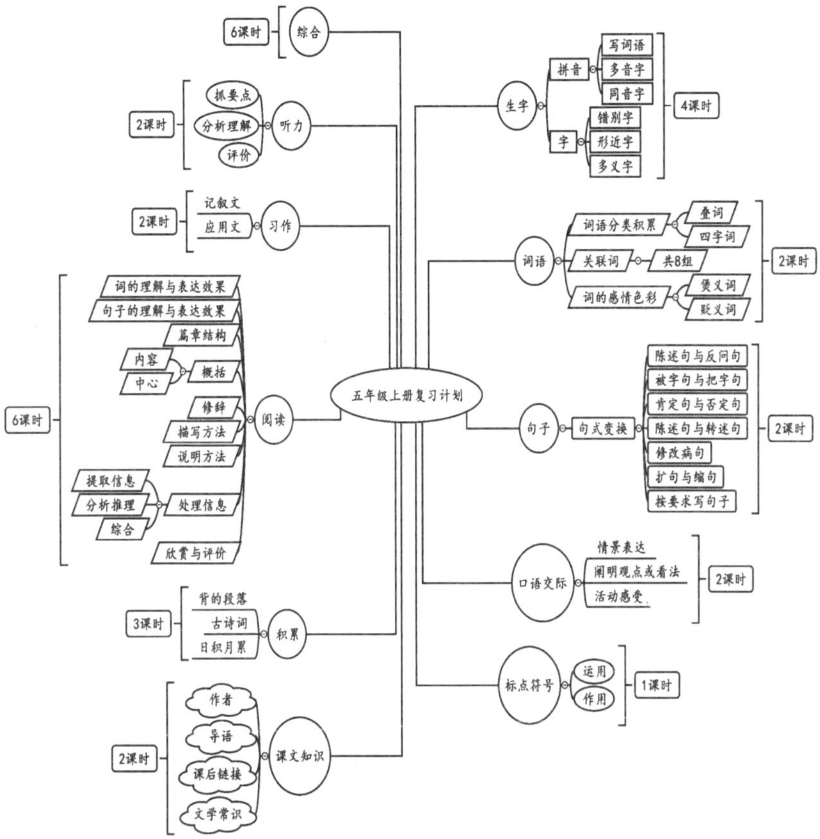

图 4-15　五年级上册复习计划图

复习计划制订后，就可以有条理地选择复习内容，精选练习，做有针对性的训练，提升学生的知识运用能力。

第二，梳理知识，搭建知识结构图。

每一个知识模块内部就有细的知识分支，把枝叶收拢，知识框架搭建起来，排序整理就可以形成一幅清晰的知识结构图。然后借助图像把新旧知识、相邻知识、关联知识建立联系，提炼重点。这样，学生建立这种知识联系，就能从掌握一个知识点辐射到其他知识点，从而推导出一连串的与其相关的知识点。为此，我把整册书的知识加以概括、提炼和归纳，梳理出以下知识模块结构图。

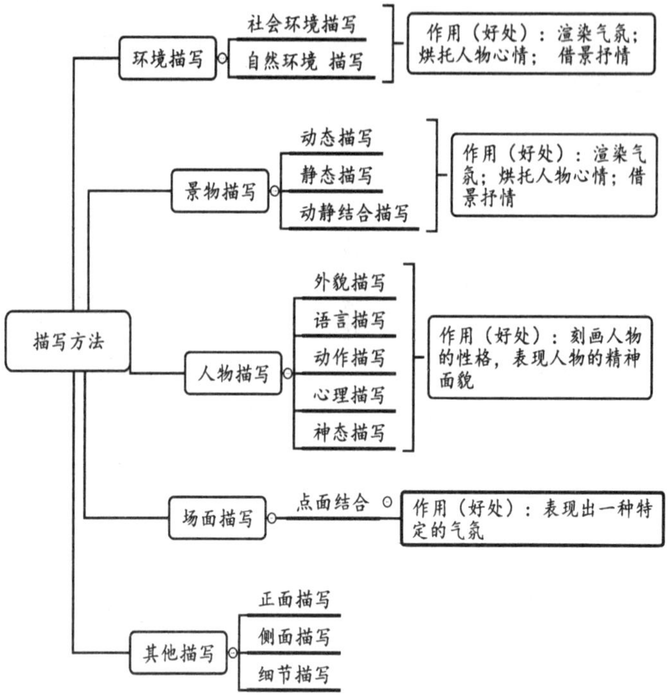

图 4-16 描写方法

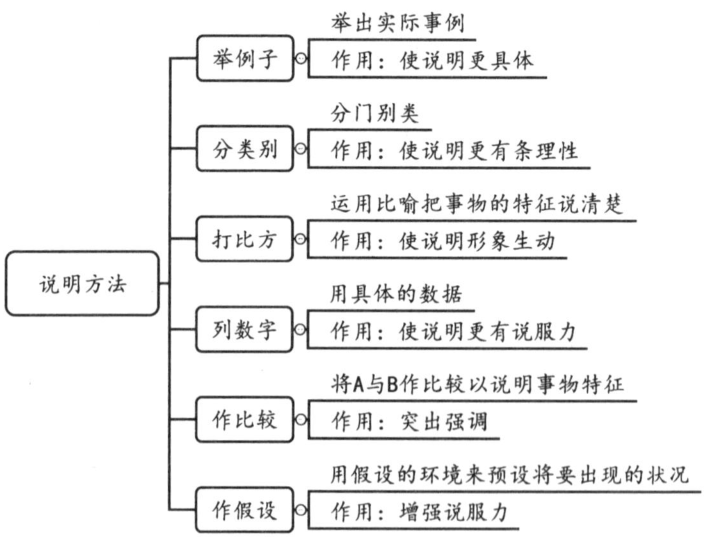

图 4-17 说明方法

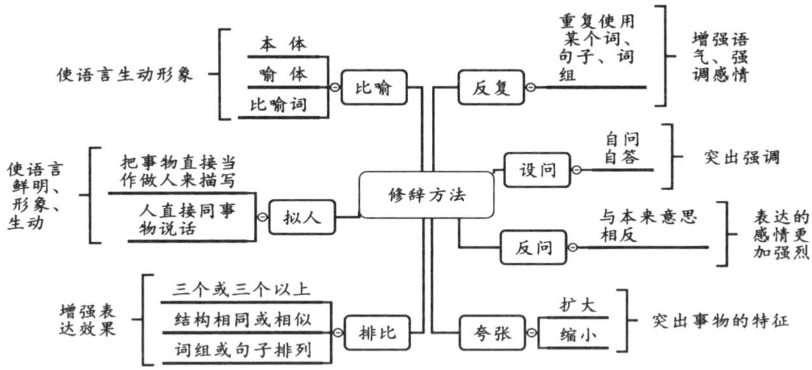

图 4-18 修辞方法

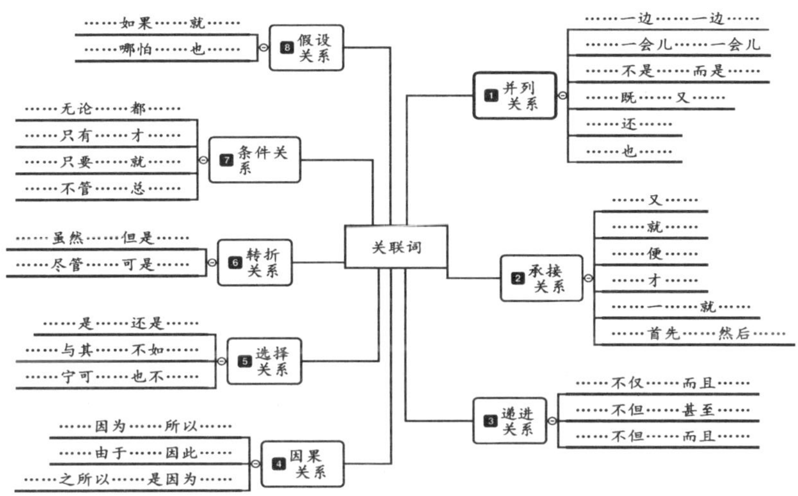

图 4-19 关联词

实践表明，学生对读图比读单纯的文字更感兴趣，图像能激发他们的联想，有不少学生还能在思维导图上继续添画，增加联想到的相关知识点或关注点，思维导图帮助学生的复习思路一层一层地推开，编织成一张不断延展的知识网。

第三，总结方法，理出解题思路图。

有些学生做了很多题，但是总不见效，原因是脑海里没有形成有效的解题路径，所以每做一道题都是陌生的。不擅长归纳思考过程和解题思路是小学生常见的问题。为此，在复习的时候，老师除了关注知识的归纳整理，还要给学生总结解题方法。在学生从积累知识到运用知识的过程中架起桥梁，学生有方法可循，不再产生畏难情绪。且方法积累多了，在熟练运用的过程中，就形成适用自己的学习策略了。为此，我针对不同的题型提炼出清晰的解题思路图，引导学生按思路答题，减少答题的混乱和提高答题的条理性。

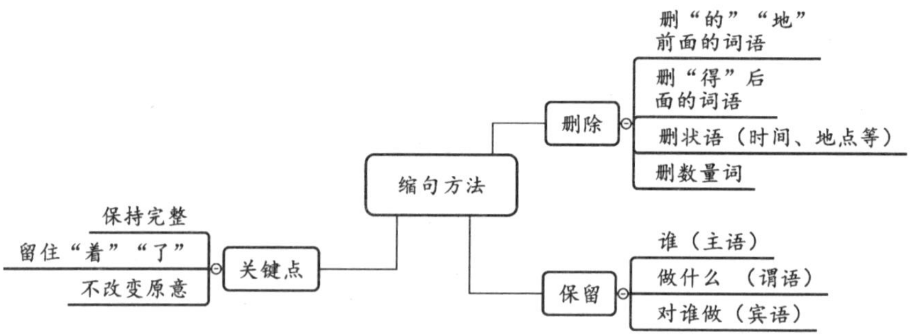

图 4-20　缩句的方法

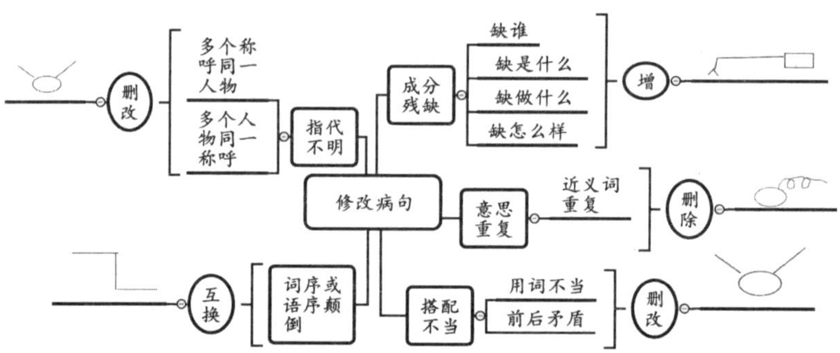

图 4-21　修改病句的方法

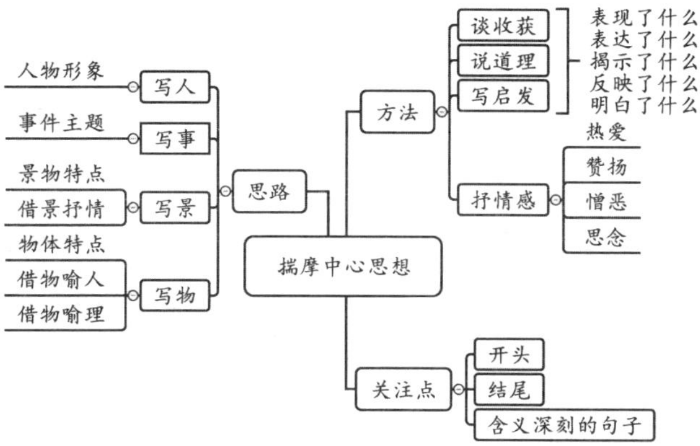

图 4-22　揣摩中心思想的方法

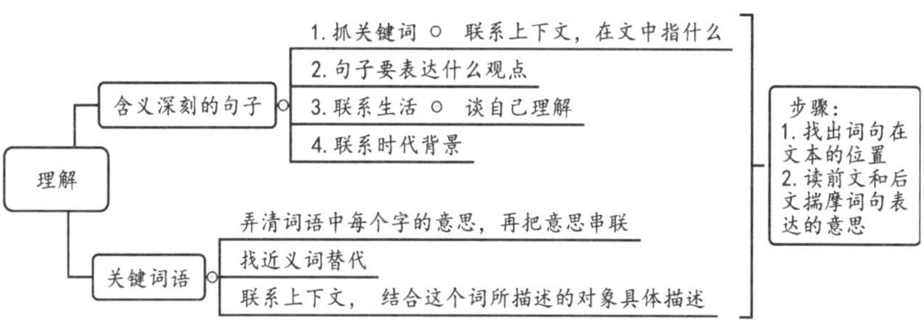

图 4-23　理解关键词句的方法

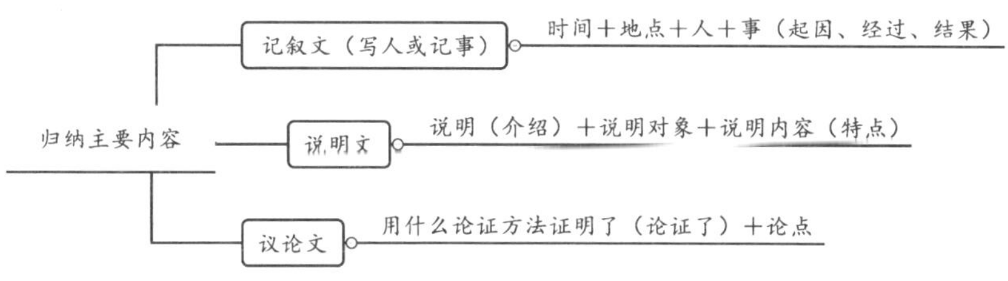

图 4-24　概括主要内容的方法

这些解题思路图作为学生运用知识的工具，学生在工具的帮助下学会触类旁通，灵活思考，加深思维深度和综合运用能力。

第四，建立联想，快速记忆。

东尼·博赞认为，古罗马人能分毫不差地记住数千个与他们的帝国有关的统计数字，从而成为他们那个时代的统治者。那是因为他们直觉地认识到两条基本的、可使记忆准确无误的原则——想象和联想。在对学生进行左右脑速记训练时发现：学生通过联想可以在各关键词之间建立桥梁，形成图像，快速记忆文段。如学习《小桥流水人家》一课中，我与学生合作描绘思维导图，再让学生根据思维导图背诵，一节课下来，大部分学生能记下整篇课文（分段背）。有一个学习能力比较弱的学生，他掌握了思维导图识记的方法后，每一次背书都先在纸上画图，画了再背，后来发现自己的背书速度竟然追上了中等生，这在很大程度上增强了他学习的信心。

在复习期间，知识面广，内容多，更需要有系统地识记，我们不妨让学生自己绘制思维导图，分门别类梳理内容。如：画词语分类图，合作画词语接龙图，错题汇总图……学生画过后，不仅记住了，而且不容易遗忘。

关注语文教材编排的连续性，合理选择教学内容

叶圣陶先生说："文章是多方面的东西，一篇文章可从种种视角来看，也可应用在种种的目标上。"一篇课文定的目标不同，为了达成目标而选择的教学内容也不一样。如人教版三年级《秋天的雨》一文，从"理解课文的主要内容"这一目标出发，可定"初读课文，想想课文讲了一件什么事"作为教学内容，对学生进行概括训练；从"能抓住描写阮恒献血时表情、动作的语句，体会人物的内心活动"目标出发，可定"联系上下文，理解'迫在眉睫'等词语，找出阮恒输血时的神情和动作的句子，谈谈自己的体会"作为教学内容。因而，作为教材开发者的语文教师，在选择教学内容时存在自主性，在语文课程目标的具体、明晰尚待改善的形势下，大部分的语文老师凭着自己对《语文课程标准》的理解，对教材的触觉选定教材内容，缺少了严谨的教学内容编排体系，于是导致了教学内容的重复、跳跃、混乱的现象，学生昨天学了什么，今天要学什么，明天学什么，无从考证。王荣生说："语文教学有规律，语文教学研究要探寻规律，在同一个学习领域或主题，教学内容有相对的次第，在几个相关学习领域，彼此之间有联络也要配合。"他提出了语文教学内容连续性的"结构"问题。根据他的观点，我认为，我们对教学内容的建构可以形成连续的系列，以树状的形式生长，叶叶相通，脉脉相连，使学生的学习呈现从无到有、从浅到深、从认识到发展的过程。我们细读以《语文课程标准》为依据编写的教材（以下所举的案例来源于人教版小学语文教材），就会发现每个年级之间、每个单元之间、每篇课文之间都有连续与关联，认识到这个特点，有利于我们科学地建构教学内容。

第一，语文教材编排的连续性表现在以下三方面。

一是学段之间的连续性。课程标准把小学阶段按一二年级、三四年

级、五六年级分成三学段，分别提出“学段目标与内容”，各个学段相互联系，螺旋上升，最终全面达成总目标。如低学段的学生刚进行语文学习，为尽快实现独立阅读的迫切要求，所以“识字与写字”是这一学段的教学重点，并贯穿整个义务教育阶段的重要教学内容。到了中学段，学生基本上掌握一定数量的汉字，能阅读浅近的童话、寓言、故事。所以对学生的阅读能力提出了新的要求：在读的方面要求学习默读、略读。更关注概括理解能力的发展，如把握文章的主要内容与理解关键词句。进入了高学段，学生的阅读理解能力有了很大的提升，这学段更关注阅读量的增大，关注文章的篇章结构、表达方法的学习，关注个性、有序、有重点地表达，形成自己的见解。

细化到各个领域的学习，学段之间也存在连续性。如在标点符号的学习方面（见表4-3）。

表4-3　表点符号在各学段的学习要求

学段	要求	重点掌握
低学段	认识课文中出现的常用的标点符号	句号、问号、感叹号
中学段	体会句号与逗号的不同用法，了解冒号、引号的一般用法	冒号、引号
高学段	体会顿号与逗号、分号与句号的不同用法	分号、顿号

学习常用的标点符号贯穿于整个小学阶段的课文阅读教学中，不同的年级又有所侧重，环环相扣，持续发展，不断加深。

二是同一类文体文章之间的连续性。小学阶段主要学习的文体有记叙文、说明文、议论文、寓言、童话、古诗文。从不同文体的表达特点出发，要求学生学会读懂不同文体的文章，掌握阅读不同文体文章的方法。在六种文体中以记叙文占的篇幅最大，分为写人、写事、写景、状物。同一种类型的文体在不同的年级，教的内容是有差别与内在的联系的。如五年级上册第四单元学习内容与六年级下册第一单元学习内容，两组文章都是从不同的角度阐明人生的哲理，要求学生从学习课文中，为文本中的人和事所感动，从而受到启发和教育。然而，两组课文当中又存在区别，以课文表达感悟的方法为例，《钓鱼的启示》《通往广场的路不止一条》《落花生》《珍珠鸟》其叙述的顺序都是先叙述一件事，再写自己获得的启示。感悟是放在文末，点明文章的主旨。到了六年级，课文叙述的顺序表现得丰富多了。《桃花心木》《手指》是在文末或文中直接表达作者的感悟，以直接表白的方法给人启示。《匆匆》《顶碗少年》是将说明的道理蕴含在文章之中，使人从中受到启迪。六年级在写事的要求上高于五年级，因而教学材料在选材类型上更开阔，表现的形式更丰富，写作手法更灵活，寓意更深刻、耐人寻味。

三是每组课文之间编排的连续性。教材是一个相互联系的整体，以专题分组编写，每一个专题从导语到课后思考题，从“口语交际、习作”到“回顾、拓展”，各个部分都力求从内容和形式上凸显本单元的学习重点。

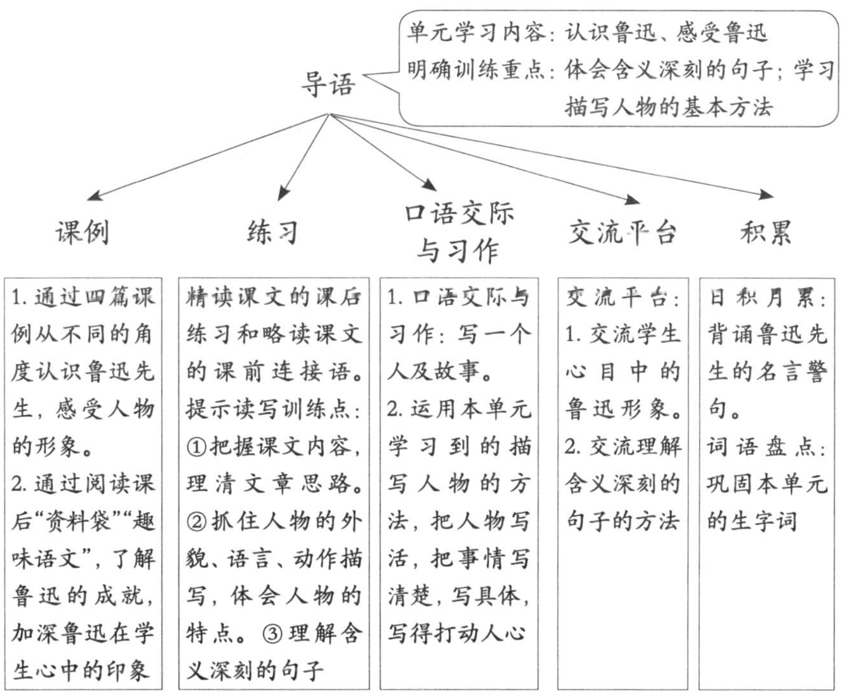

图 4-25　六年级上册第五组课文编排情况

可见，每组专题的每一部分都与单元学习重点联系起来，前一课是后一课的铺垫，后一课是前一课的延续。阅读能力的训练有序地穿插在教学内容当中，逐渐拓宽、加深、提高。

第二，根据教材编排的特点，合理选择教学内容的策略。

一是教学内容的选择要关注学生的学习起点。在语文教学中，学生是学习的主体。语文教学内容的连续性不是存在于教科书的纸面上，而存在于活生生的课堂教学里，落实在学生个体身上。为了达成教学目标，在选择教学内容时，应关注学生原来学了什么，已经掌握的知识结构是怎样，掌握的程度如何。在此基础上，再确定学生需要学什么，教师要教什么。

那么，应如何了解学生的学习起点呢？我以执教人教版五年级上册的《七律·长征》一课为例，谈谈我的看法。

了解学生原有的知识背景。学生原有的知识背景确定了学生对学习内容的接受程度。如《七律·长征》中关于长征的历史距离学生的生活比较遥远，所以学生是很难理解红军翻雪山、过草原的艰难。于是，在课前，我组织学生搜集关于长征的资料，制作“长征认识知多少”的读书卡；推荐学生观看电影《长征》；在上课前 5 分钟，我进行了小型的长征知识问答比赛。经过前期的综合实践活动，学生对长征有一个初步的认识，为理解红军经历的重重困难，体会红军不怕困难的豪迈气概降低难度。

认识学生学习能力的原有水平。语文学习能力的提升是一个层级递进的过程，在备课时，我们要知道学生的学习能力达到什么水平，共性问题有哪些。在一般情况下，我会通过预习，了解学生的学习能力起点。如课前我通过布置读书卡制作活动，了解学生对长征的认识达到一个什么程度，共同的薄弱点在哪里。据了解，我发现学生对诗中涉及的历史典故认识不深入，甚至有的还不知道。因此，我预测学生理解“逶迤”“磅礴”“金沙水拍云崖暖”“大渡桥横铁索寒”“更喜岷山千里雪”有一定的困难，于是确定这部分为教学难点。为了突破难点，我提供《红军过金沙江》《战神飞夺泸定桥》《勇攀大金山》三个故事材料让学生阅读，以小组合作的方式交流讨论，体会红军长征过程的艰苦，理解相关的词语。

了解班级不同层次学生的学习状况。人的学习能力、接受能力的差异是客观存在的，如何让不同层次的学生在原有的基础上得到发展，是教师课堂教学孜孜不倦的追求。在教学设计时，我们可分层为学生提供教学内容，这要通过学习活动进行。也就是说，在课堂有目的地设计难、中、易三种程度的学习活动，先让全体学生参与，再不留痕迹地让班里某些学生表现与发展。

表 4–4 学习内容分层表

学习活动难易程度	活动内容（举例）	预设参与对象
容易	朗读诗句，做到字正腔圆；观察生字词，说说怎样才能把字写好；诗中哪个词让你感受到红军的困难，请用横线画出来	全体参与；让需要帮助的学生优先发言
中等	红军经历千山万水才到达陕北，红军面对困难是一种怎样的态度？你是从哪个词看出来的？先用“△”画出来，再与同桌交流，从词中你体会到什么？	全体参与；让比较安静的学生优先汇报交流后的体会
较难	读全诗，你发现了七言律诗有什么特点吗？快速浏览学习材料《红军过金沙江》《战神飞夺泸定桥》《勇攀大金山》，概括地说说长征遇到的困难是什么。把红军遇到的困难与诗句联系起来，请你谈谈对“金沙水拍云崖暖、大渡桥横铁索寒、更喜岷山千里雪”的理解	全体参与；让阅读能力较强的学生优先发言

立足于学生学习起点，为学生选择教学内容，学生才能学得轻松，学得有价值。

二是教学内容的确定要关注前后教学内容的内在联系。教材的编排具有连续性。语文教学就是要用教材，最大限度地实现教材的原生价值和教学价值。但是从另一方面而言，语文教学内容的选择也不是由教材一个要素决定的，还涉及学生认知发展的阶段性的问题。例如，提高学生的整体把握能力是整个小学阶段持续训练的读写重点。众所周知，概括方法有段意综合法、重点归纳法、文题扩展法、概括要素法、摘句归纳法等，这些方法不是一下子全部塞给学生，而是在长期的语文学习中一点一滴地习得。三年级学生开始初步把握主要内容，以人教版三年级上册第六组选文的特点看，《富饶的西沙群岛》《美丽的小兴安岭》《香港，璀璨的明珠》的写法都是按一定的顺序，每段的结构性强，都是紧紧围绕一个特点进行介绍。我们可以抓住这一点，设计一个连续性的概括段意的训练，使学生的概括能力有阶梯性的发展。设计思路如下：

以《富饶的西沙群岛》的第二、四自然段为教学重点，引导学生读书，弄清每个自然段的几句话是围绕什么写的，让学生从段中整体与部分的关系中认识总分、分总的构段方式，学习利用段的结构特点摘中心句进行归纳的方法。

以《美丽的大兴安岭》的第二至五自然段为教学重点，引导学生读书，观察每个自然段是围绕什么写的，让学生认识段落中几层意思并列的构段方式，学习把几个并列的意思整合起来进行概括的方法。

在学习《香港，璀璨的明珠》时，回顾本单元学习的概括段意的方法，以小组合作学习的形式，概括每个自然段的段意，让学生在实践中掌握方法，提升概括能力。

语文教学的连续性特点，使我们在重构教学内容时形成一个系统的序列，确定“教什么”，教师的教学内容与课程目标、学生需要学的内容一致，真正达到语文教学的真实、有效。

写人记事类记叙文的阅读策略

小学语文教材中写人为主的记叙文大多记叙与人物相关的事件，一人一事或一人数事，所写事件是为了表现人的特点、品质服务的。低学段写人为主的记叙文，多是围绕人物的某一特征而塑造出来的形象，它是平面的、单一的。到了高学段，人物的丰富性逐渐增加，通过细致的人物描写呈现多种特征并存的立体人物形象。

记事为主的记叙文通过典型事例表现人物形象，在叙述中也会有议论、抒情，使学生在阅读课文后与作者在情感上产生共鸣、获得知识、受到启迪或明白道理。低学段多为一件事，中高学段逐渐增加，结构越来越复杂，记叙的方式越来越多样。

美国著名教育家莫提默·J. 艾德勒在《如何阅读一本书》中提到阅读的四种层次。第一层次是基础阅读，努力体会文字到底说了什么；第二层次是检视阅读，特点是在一定的时间内快速地抓住一本书的重点；第三层次是分析阅读，就是在追寻理解的优质阅读；第四层次是主题阅读，从读一本书到读多本同一主题的书。在此理论的启发下，我们指导学生阅读写人记事类记叙文应如何做到层层深入呢？我认为也是有方法可寻的，现由低层向高层依次谈谈三种阅读策略。

第一，整体阅读策略。

王荣生认为，无论什么文体阅读，一篇文章的阅读，要关注两个点："原生价值""教学价值"。原生价值就是文章传递什么信息。教学价值就是它是如何传递信息 。从这两点出发，我们可以梳理出从两方面整体把握一篇文章，提取文章的重要信息。

一是了解写了什么。阅读一篇文章，首先要了解文章写了什么。写人不离事，抓住文章的六大要素：时间、地点、人物、原因、经过、结果，就能大概了解文章大意。 一般老师在讲授一篇记叙文以前会让学生找出六要素，再串联成课文的主要内容。但是，若把六要素概括法应用到写两件事情以上的课文，或者以生活的碎片组合反映一种现象或人物特点的课文，就显得过于生硬。除此以外，我们还可以教给学生其他的概括主要内容的方法，让学生从整体上把握课文内容。

表 4–5　表格归纳法

题目	十六年前的回忆（六年级下册第三组课文）
作者	李星华
主要事件	被捕前父亲烧文件；被捕时父亲处变不惊；法庭上父亲镇定、沉着；被害后全家无比悲痛
表现人物的特点	临危不惧，为革命把生死置之度外
写作背景	反对日、英帝国主义和反对军阀张作霖、吴佩孚斗争，领导中国共产党坚持革命斗争

除此以外，抓住课文题目、中心句、过渡句、关键词等也可以帮助学生快速地把握课文内容。了解课文写了什么是阅读的第一步，后续的分析、推理、联结、评价等阅读活动也是在此基础上生长。

二是厘清结构，发现线索。结构指的是文章中组织材料和编排内容的具体形式，它就好比是一篇文章的骨架，没有了它，各种材料就犹如一团乱麻。低学段课文的结构比较单一，随着年级增加，课文的篇幅加长，写的角度开始走向多维，人物的丰富性，事物含义的深刻性决定材料选择和布局的巧妙。厘清课文的结构，可以帮助我们认识课文是如何组建材料和布局材料的。如：《再见了，亲人》描写了 1958 年中国人民志愿军最后一批官兵离朝回国时，在车站上同朝鲜人民告别的场景。全文通过三个告别的画面，从不同的角度、不同的内容来展现军民惜别的感情，使情感更厚重。《灯光》一文运用倒叙的写法，由天安门广场的灯光写起，回想战友当年用鲜血和生命换来今天的幸福，结尾又回到灯光，与开头照应，显得结构紧凑，含义深刻。在上课时，我们帮助学生把骨架搭起来，学生就能很快地理解作者的写作意图和写作思路，发现结构间串联的线索，然后顺藤摸瓜，找到文本的中心。

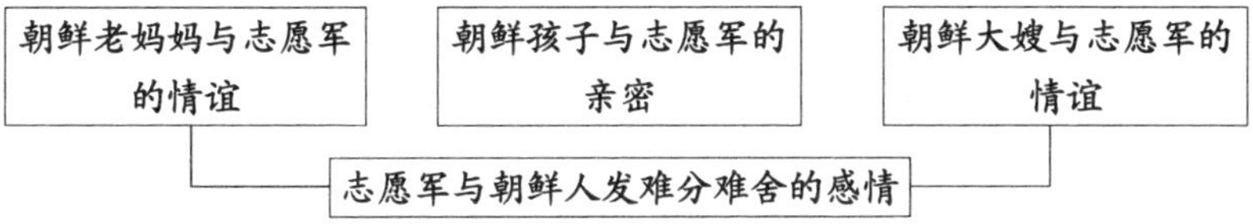

图 4-26　五年级下册《再见了，亲人》

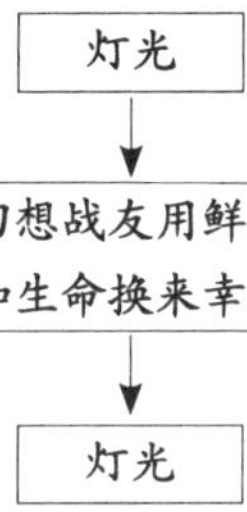

图 4-27　六年级下册《灯光》

第二，信息处理策略。

阅读素养强调“从各种文本中建构意义”，在经历了整体阅读后，读者大致把握了文本中的重要信息，接下来的就是对信息的推论分析、诠释整体、比较评价的处理，这构成了阅读最核心的要素——理解。

一是信息猜想。写人记事类记叙文的题目具有很强的概括性，相当于文章的眼睛，通过题目可透露文本的关键信息，摘其一二，便可发现规律。

表 4-6　从题目提取的关键信息

出处	课题	讲了什么
三年级下册	《画杨桃》	在图画课上练习画杨桃时发生的事情，并从中受到启示
四年级下册	《小英雄雨来》	六个跌宕起伏的故事，表现雨来勇敢机智的品质
五年级下册	《冬阳·童年·骆驼队》	作者关于“骆驼队”的童年回忆
六年级下册	《一夜的工作》	周总理一夜的工作经过，表现周总理工作的认真、生活的简朴

在教学时，教师可让学生先读题，对题目进行猜想：课文可能讲了什么？作者写作的意图是什么？再让学生阅读课文，验证哪些地方猜想

准确。预习是很好的学习习惯，我们可把猜想的任务放在预习当中完成，以开发学生根据信息的联想能力。如下面预习单的部分设计：

《冬阳·童年·骆驼队》预习单

根据课题进行猜想，请列出你的猜想内容，并在文中验证，猜对的打“√”，错的打“×”。

序号	我的猜想	验证结果
1	写的是童年趣事，时间在冬天	√
2	趣事与骆驼有关	√
3	我骑着骆驼去旅行	×
4	……	

二是信息推理。金定元先生曾指出：“当一个词语出现在一个具体的句子中时，它实际表达的意思并不一定等于它原来的意义；而整个句子实际表达的意思也并不一定等同于组成这个句子的各个词语的意义的总和。……我们把这种词语或句子实际表达的意思等称为‘信息’。”这里的“信息”就是言语的交际过程中传达和被理解的言外之意。为此，理解信息的言外之意需要运用原有知识和文章提供的信息创造出新的语义信息，这就是推理，它是阅读理解过程的核心。我们在教学过程中，最常应用的推理方法就是抓住文章的关键处进行推理。在读课文时，把文章的关键词或核心句子标注下来，由此发问。如《她是我的朋友》中“一阵沉默之后，一只小手颤抖地举起来。忽然又放下去，然后又举起来”。可思考：阮恒为什么举起手又放下呢？后来为什么又举手呢？学生联系上下文，就可推理出阮恒当时复杂的内心想法，但为了救小姑娘，最后还是下定决心举起手来。推理能力的强弱与发问是否主动有关，在课堂上应该鼓励学生质疑，就一个关键词、一个矛盾点、一个困惑点进行提问。长此下去，形成推理的习惯，增强推理能力。

三是信息比较。在语文阅读教学中，运用比较的方法，活跃思维，加深学生对作品的理解，同时培养学生的比较思维和鉴别能力。教师在钻研教材时，要花心思找到文本的比较点，引导学生进行比较。

表 4–7 不同文本的比较内容

比较类型	比较内容	课例	比较着力点
内容	比较不同类事物	《自己的花是给别人看的》	中国人和德国人种花有什么不一样？
	比较同类事物	《卖火柴的小女孩》	小女孩划了五次火柴，每次划火柴，她都幻想到了什么？
语言	比较不同表达形式产生的不同表达效果	《自然之道》	如果不是我们，这些海龟就不会受到伤害。 如果不是我们，这些海龟就不会受到那样的伤害。 用上加点的词，意思有什么不同？

学生接触一篇文章应该善于提取相关材料进行铺开比较分析，比较哪些地方相同，哪些地方不同，为什么要这样写，从而领悟文章的主旨，发现语言表达的规律。做到这一点时，学生已经走进文本，与作者对话，做到深度阅读。

四是评价鉴赏策略。阅读是作者与读者之间的对话，阅读过程中，作者一路说个不停，当读者接收完毕后，才开始说话。这时候，读者要给文章一个判断，认同什么观点，不认同什么观点，结合文本内容和生活经历阐明自己的理由。

写人记事类记叙文的评价无非从三方面入手。评人物形象：读了《将相和》一文后，谁给你留下的印象最深刻？蔺相如或廉颇是个怎样的人？评事理观点：学了《为人民服务》后，请结合生活事例谈谈哪些人的死是重于泰山，哪些人的死是轻于鸿毛。评语言：从语言逻辑合理性、语言的表现力、修辞的表达效果去评价和学习。

教师教学生阅读的目的在于使学生学会阅读。怎样才是学会阅读？最主要的标志是学会运用阅读策略。不同的文体，其阅读策略有共性，也有区别。教师教的时候，心中要有文体意识，渗透必备的阅读知识，培养关键能力。学生在日积月累的学习后，能习得不同文体的知识体系和阅读策略，在阅读一篇文章时，他心中有“体”，脑海中能自动选择相应的阅读策略开展阅读行为，有效处理复杂的阅读任务，形成语文素养。

教学反思：一堂失败的语文课

品读、赏读、吟诵古诗词教学经过我几年的钻研，颇具特色。然而今天，我为新学生上的一课《题西林壁》却使我多年辛勤营造的“功业”瞬间坍塌，让我深深地感到迷惑，也不得不对自己的教学进行一次大解剖。

师：我们接触过了不少的古诗，例如，床前明月光——

生：疑是地上霜，举头望明月，低头思故乡。

师：泉眼无声惜细流，树阴照水爱晴柔。小荷——

生：（有三三两两回应）才露尖尖角，早有蜻蜓立上头。

师：还有很多很多。因为有了古诗，让我们认识了不少的诗人。他们为我国的诗词文化做出了巨大的贡献。其中，有的还可能是你们的祖先呢！（学生笑）你知道与你同姓的诗人吗？请你为大家介绍一下。

（学生懵懵然，鸦雀无声。过了一会儿，才有几个学生回答。）

生1：李白，唐朝诗人。和我一样姓李。

生2：杜甫，我们都姓杜。《绝句》是他写的。

生3：（迟疑地站起来，想了想，羞涩地说）不知道。

（其他学生笑）

师：我要为大家介绍一位我的老祖宗——苏轼。苏轼是北宋文学家、书画家。字子瞻，号东坡居士。宋代眉州人。父苏洵、弟苏辙都是著名古文学家，世称“三苏”。苏轼的诗大都抒写仕途坎坷的感慨，也有反映民生疾苦、揭露现实黑暗之作。诗风豪迈清新，尤长于比喻。深受人们的喜爱。今天我们就来学习他写的《题西林壁》。

师：（课件图文结合展示《题西林壁》全诗）这首古诗朗朗上口，有节奏，有押韵。让我们一起朗读这首古诗。

学生的兴致一下子从冰谷提上来了，全神贯注盯着课件，高声呐喊，字字铿锵，似乎满屋子都是挑山工那整齐有力的叫喊，也一下子把古诗所有的节奏美、韵律美给喊跑了。

我的心咔嚓一下，哎呀！这是典型的扯着嗓子叫啊！

师：你们读得真认真，老师也想读，你们能模仿吗？（教师有感情地朗读古诗）

（学生再读，依然字字铿锵，句句呐喊）

师：读古诗首先要读出节奏（边说边画节奏线），再读出抑扬顿挫的语调变化。

（学生又读，节奏初见成形，但仍生硬别扭）

（教师打手势，帮助学生纠正唱读的语气）

……

（20分钟过去了，学生出现疲倦状态）

师：同学们的进步真大，相信以后定能越读越好。谁能为同学们说说“题西林壁”的意思？

（学生又懵懵然，面面相觑）

师：（提示）看注释。

（学生打开书本搜索）

由此可推知，学生还没有掌握最基本的学习古诗的方法，接着的理解古诗阶段是寸步难行的。最后，我只好由原计划的“学生合作理解诗句”变成老师“扶着”学生进行。可直到课堂结束了，我仍然没有完成教学任务。

我带着低落的心情迈出教室。毋庸置疑，这是一堂失败的课。我想，我最大的败笔是我习以为常地套用熟悉的教学模式，却忽略了学生原有的知识水平、学习能力以及学生对教材作出的多元反应。教学方法与学生的学习状态呈现断层现象。当前，我和其他老师一样积极地响应专题教学研究、尝试教学法、合作探究、诗化语文……我们在追捧这些模式的同时，没有意识到学生才是课堂之本，一切的手段方法，都得以学生为中心，为学生而服务。否则，语文课就变成了肥皂泡，五颜六色，却瞬间幻灭。

另外，这节课中，学生语文能力显得如此薄弱，引发了我的深思:《义务教育语文课程标准（2011 年版）》明确指出“语文课程必须面向全体学生，使学生获得基本的语文素养”。关于学生的语文素养培养应包括“提高语感能力和思维能力，实际需要的识字写字能力、阅读能力、写作能力、口语交际能力”。从语文素养中所涵盖的关于语文能力培养的阐述中足以看出，语文教学追求的目标不单单是学习知识，更是让每一个学生通过语文学习掌握有效的学习方法，形成一定的语文能力，为终身学习打下坚实的基础。然而，语文能力的培养是一个长期的过程，不能一蹴而就，需在扎扎实实的“听、说、读、写”实践中酝酿成长。

根据学生的特点，可以从两方面对学生的语文能力进行培养。

一方面，培养“正确、流利、有感情”地朗读能力。“正确、流利、有感情”地朗读为文章赋予生命，注入情感，文章因此而变得绚烂夺目，使人怦然心动。特别是古诗，其抑扬顿挫的节奏和声韵的变化，体现出鲜明而丰富的音乐性。让学生琅琅地读，如痴如醉地读，沉浸在诗的意境中从而获得愉悦，激发学习的积极性。所以，在日常的教学中，要循序渐进地教会学生掌握朗读的技巧。如以文章的感情为主旋律读出其强与弱、重与轻、果断与委婉、紧急与轻快、严肃与活泼等变化；又如古诗的平长仄短的变化读出其古味、以儿歌的节奏特点读出其趣味……使学生能明确地区分“唱读”与“朗读”的不同，懂得带着朗读走进文本，与作者同喜同忧，如亲临其境，如实见其人。

另一方面，掌握常用有效的阅读方法。“授之以鱼不如授之以渔”，掌握常用有效的阅读方法就等于拥有了劈山之斧、渡海之帆。有了它，学生们就能挣脱教师的束缚，在阅读的天空自由翱翔，吮吸知识的阳光雨露，享受阅读的快乐。那么，小学四年级学生应该掌握哪些常用的阅读古诗的方法呢？利用工具书查阅文中注释，理解诗句意思；根据上下文的语境，联系生活体验，推敲和理解重点语句；边读边思、圈点勾画、批注点评；对文中不理解的地方进行提出疑问；在阅读中有针对性地搜集信息，解决问题。这些方法只有在长期的阅读实践中不失时机地渗透，交叉训练，巩固加深，才能形成能力并逐步提高。单一独立地进行往往得不到预期的效果。如这一课中，我用了大量的时间进行朗读技巧的指导，脱离了对古诗中“横、侧、远、近、高、低”这些字的品析、联想，脱离了体会庐山的峰回路转、目不暇接的意境美的过程，这样的读是枯燥的。没有情感的流动，没有思维的激活，学生对此也不感兴趣，语文能力就谈不上有提高了。

朗读让语文诗意地栖居

朗读是培养语感的有效途径。在朗读的过程中，学生可以练习发音、声调和语调，逐渐强化自己的语音感。大量重复的语句训练，同时也是潜移默化增强语感的过程，学生朗读时，在语调升降中能更好地理解文章的深层信息，提高自身对语言词汇、语句的意义理解。另外，它还可以强化记忆，帮助积累词汇，并可将好的语句储存进学生的脑中，成为可供自身使用的语言材料。

时下，语文课越来越重视读的训练，这点我很赞同。然而在最近所听的几节语文课中，我发现有的老师因为忌讳内容的分析讲解，所以读得多，但理解得少，导致满堂读的现象。因此，“读”成了一遍又一遍的烦琐重复，变得枯燥无味，毫无色彩。宋代学者朱熹提出“熟读精思，读而不思则罔”。如果离开了老师适当的引导和精讲，离开了学生读后的体验感悟和交流，离开了语言文字的训练，即使让学生读一百遍，学生还是不懂的。

因而，有效的朗读是以有效的理解为基础的，与语言训练相整合。只有学生理解了课文的内容，领会了课文的基本思想，才能流露出符合课文内容的语调。而反过来说，朗读又能加深学生对文本的理解，从朗读中回环品味。在此，我想结合课例谈谈自己在语文教学实践中得出的八种有效的读书方法。

第一，珍视体验，个性朗读。

例:《钓鱼的启示》

（出示句子）

父亲盯着鲈鱼看了好一会儿，然后把目光转向了我:“孩子，你得把它放回湖里去。”

师：父亲要求“我”把鱼放了的时候，是用怎样的语气说的？请你读出来。

（生 1 读，语气坚决）

师：我听出你用命令的口吻，为什么？

生 1：因为距离鲈鱼捕捞的时间还有两个小时，现在要了这条鱼是不对的，所以父亲要命令“我”把鱼放了。

师：可看出这是一位严厉的父亲。

（生 2 读，语气稍温和）

师：你为什么这样读？

生 2：我要读出父亲心里是体谅“我”舍不得放，但又不得不让“我”放的矛盾心情。

师：可看出这是一位慈祥的父亲。

生 3：我认为父亲也许会舍不得这条鲈鱼，因为前面说了“鱼鳃在月光下轻轻地翕动”。说明这是一条很肥美的鱼。

师：说得有道理，请你用依依不舍的语气去读吧！

（生 3 读句子）

小学语文教材中的文章，很多是表现、反映人类情感活动的，其基本前提是直观可感，而“体验”就是这种以感性活动做基础的感受、感知。诚然，在阅读教学中，体验是最基本的前提活动。《语文新课程标准》提出：语文课程丰富的人文内涵对学生精神领域的影响是深广的，学生对语文材料的反应又往往是多元的。可见，每个学生的体验是独特的，假如我们拿一把尺子来标杆学生，用一种模式来套住学生，定然毁灭学生心灵的丰富性，扼杀学生思维的创造性。因而，对同一个句子的品读，允许学生联系课文内容，直抒胸臆，畅所欲言，构建自己的精神世界，读出内心的感受。

第二，找切入点，对比朗读。

例：《“精彩极了”和“糟糕透了”》

评价一：

师：对“我”七八岁时写的第一首诗，妈妈是怎样评价的？爸爸是怎样评价的？请找出有关的句子读一读。

（老师组织学生分角色朗读，感受爸爸和妈妈对巴迪截然不同的评价）

评价二：

师：在不同的评价下，巴迪的情绪会发生怎样的变化？请找出有关的句子，读出巴迪的内心世界。

（指导学生进入情景角色中朗读句子）

辩论：你喜欢哪种评价？为什么？

语文教学中，教师的主导作用在于如何指导学生巧妙地寻找理解语言文字的切入点。这切入点可以是课文的题目、一个中心句、一句意味深长的话，甚至是看似合理又不太合理的地方……它犹如一座桥引领学生进入文本，与文本进行对话，与作者感同身受，产生心灵共振。《“精彩极了”和“糟糕透了”》的切入点就是爸爸妈妈的不同评价对“我”产生的影响。采用对比读的方法，创设情境，让学生兴奋地朗读和伤心地朗读，由此产生截然不同的心理感受在学生心里形成强烈的对比，最终让学生在辩论中表达自己的认识和看法。这样的读就不是单一的读，它成了思想和情感变化同步运行的过程，能更深入地理解课文。

第三，留有空白，读写结合。

例：《钓鱼的启示》

师：父亲要求“我”把鱼放了，“我”愿意吗？

生：不愿意。

师：你从哪里看出来？

（学生读课文，抓住课文的相关句子探究原因）

生 1：我从“用乞求的目光投向父亲”这句话知道“我”很舍不得这条鱼。

师：是啊，他是多么舍不得。可能，当他发现了周围静悄悄的时候，内心曾痛苦地挣扎过，才产生这一份“乞求”，那时候，他在想什么？

（出示句子，让学生填补空白）

我抬头看了一下四周，到处都是静悄悄的，皎洁的月光下看不见其他人和船的影子。我想：________________________。我再次把乞求的目光投向了父亲。

师：请学生揣摩“我”当时的心理活动并写下来，最后请个别学生配乐朗读句子。

所谓留有空白，就是教师要引导学生深入钻研文本，发现文本中的空白处，揣摩作者的未尽之意，未了之情，发掘文外之意，弦外之音。在教学中，我让学生填补“当四下无人时，我的心理活动”这一空白，其目的是引导学生深入作者的精神世界，探究人性的根本，思作者之所思，想作者之所想，透彻地理解“乞求”的含义和分量，从而直抵课文的中心——“放”的可贵。

我不反对语文课上得轰轰烈烈，因为这反映了师生积极参与课堂，学生学习热情高涨。但我觉得语文课，特别是高年级的语文课必须要在课堂热闹过后，留给学生一个安安静静地思考的空间，让学生冷静地在笔下流淌出自己的思考。此刻的课堂好比一汪深潭，表面上风平浪静，实际暗潮汹涌，思潮起伏……

第四，信息重组，牵线引读。

在教学《地震中的父与子》中，当老师引导学生从“双眼布满血丝，衣服破烂不堪，到处都是血迹”中理解父亲坚信儿子没有死，顾不得休息，奋力拯救儿子以后，老师再以深情的语言引导学生回到文本中朗诵，升华感情，进一步体会父亲要拯救孩子的坚定信念。

师：是呀，这深深的爱，坚定的信念使这位年轻的父亲不停地挖，挖了 8 小时……

生：（读）他挖了 8 小时，12 小时，24 小时，36 小时，没人再来阻挡他。他满脸灰尘，双眼布满血丝，衣服破烂不堪，到处都是血迹。

师：这伟大的力量正是源于那句最真挚朴实的话——

生：（读）不论发生什么，我总会跟你在一起！

引读的目的是为了帮助学生重组课文信息，把关键的句子抽出来，在教师巧妙语言的铺引下，整合成能反映文章精神主题的句段，这样更有助于学生理清文章脉络和人物的思想变化，更好地理解内容。

第五，联想情景，形象朗读。

例：《圆明园的毁灭》

（出示句子）

"他们把园内凡是能拿走的东西，统统掠走；拿不动的，就用大车或牲口搬运；实在运不走的，就任意破坏、毁掉。"

师：读了这个句子，你想到了什么？

著名教育家李吉林认为："世界是通过形象进入人的意识的，儿童更是如此。儿童的年龄越小，鲜明的形象对于他们的思想影响就越强烈。"所以，在教学中我常常运用情境教学，而联想最能使文字符号转变成一个个鲜活的形象。八国联军狰狞的面容、贪婪的野心、残暴的抢掠在学生眼前闪现着，他们的情感被激发起来，对侵略者的憎恨、对圆明园毁灭的痛惜之情油然而生，最后让学生通过朗读把自己的情感抒发出来，这时候的朗读自然是从心而发。

第六，在朗读中进行语言文字训练。

一是对比读。

"圆明园中，有金碧辉煌的殿堂，也有玲珑剔透的亭台楼阁。"（《圆明园的毁灭》）去掉"金碧辉煌""玲珑剔透"读一读，哪一种效果更好？（或者换一个词体会表达效果）从而理解殿堂的华丽、楼阁的精致。

二是变句式读。

在教学《"精彩极了"和"糟糕透了"》时，教师组织学生对比读父亲与母亲的话，有这样一个句子：

"我不明白，"父亲并不退让，"难道这世界上糟糕的诗还不够多么？"

我们可以让学生把反问句改成陈述句，对比读一读，陈述句与反问句在语气上有什么不同。让学生认识反问句的语气是比较重、比较强烈的。教师再引导："这么重的批评，我能承受得住吗？"再进一步探究父亲与母亲两种截然不同的评价对"我"的影响。

三是去枝减叶地读。

对于一些长的句子，要四级年学生理解会有点难度。这时可让学生进行缩句，抽其骨干，这样句子表达的意思就能清晰呈现。

四是添油加醋地读。

例：《草船借箭》

师：周瑜看到诸葛亮挺有才干，心里很嫉妒。在文中处处都有体现，请看第二段，你能在周瑜的话前加上能凸显周瑜嫉妒心理的提示语，并有感情地读出来吗？

有一天，周瑜请诸葛亮商议军事，（　　　　）说："我们就要跟曹军交战。水上交战，用什么兵器最好？"诸葛亮说："用弓箭最好。"周瑜（　　）说："对，先生跟我想的一样。现在军中缺箭，想请先生负责赶造十万支。这是公事，希望先生不要推却。"诸葛亮说："都督委托，当然照办。不知道这十万支箭什么时候用？"周瑜（　　）问："十天造得好吗？"诸葛亮说："既然就要交战，十天造好，必然误了大事。"周瑜问："先生预计几天可以造好？"诸葛亮说："只要三天。"周瑜（　　）说："军情紧急，可不能开玩笑。"……

五是表演读。

例：《晏子使楚》

师：老师请两位同学把晏子谒见楚王的片段演出来。其他同学都来当导演，评评他俩是否把人物的性格特点表演到位了。（指一个学生）你说说，有什么方法才能演好这片段？

生1：读书。

师：对呀，不熟悉课文，就不能把人物演得活灵活现。有什么方法可以使导演们评得准确，对演员指导到位？

生1：认真读书。

师：好！请同学们细读课文，不要错过文中的某个字、某个词，也许它就是你进行表演或评价的法宝。

（学生自由读文，组内合作表演）

（教师请学生表演，集体交流评议）

生2：我觉得楚王演得比较马虎，因为课文“楚王瞅了他一眼，冷笑一声，说……”可看出楚王对晏子持蔑视的态度，但他没演出来。

师：你评得真好，能抓住关键词进行点评。你能读出楚王蔑视的语气吗？

（生2有声有色地演读）

书是无声的，但它有生命，只有当学生产生浓厚的兴趣，才能让那些方块字吸引住幼小的心灵。既然这样，何不另辟蹊径，把故事型课文的读变成为有声有色的、有动作表情的演读，以吸引学生的兴趣呢？学生的兴趣一旦被激活，就会促使学生以饱满的热情跳入文中探究、揣摩、联想、思辨。学生在读中演、演中评、评后读。其中，“读”是核心，“演”是理解的外化，“评”是回归文本的咬文嚼字。这样的读，是不拘泥于形式的读，是更有个性、更有趣味的读。

第七，丰富课程资源，拓展读。

例：《长城》

（师生先品读了长城的高大坚固）

师：长城除了高大坚固，还设计精妙。难怪毛泽东远眺长城，情不自禁地写下这首诗。

清平乐·六盘山

天高云淡，望断南飞雁。不到长城非好汉，屈指行程二万。

六盘山上高峰，红旗漫卷西风。今日长缨在手，何时缚住苍龙？

（学生配乐朗诵）

师：从毛主席慷慨激昂的诗句中，你有什么体会？

生1：“不到长城非好汉”说明了长城很值得大家一游，去领略它的风采。

生2：我知道了长城如一飞冲天的苍龙，气势磅礴，雄伟壮观。

生 3：长城是中国的奇迹，是中华民族的骄傲。

师：长城的气魄雄伟震撼着毛主席，同时也震撼着我们。让我们回到书本再读课文，这时候，你想怎样读？

生 4：我要读出长城的气势磅礴……

生 5：我要读出自豪感……

语文课必须把“小课堂”与“大课堂”结合起来，切实地做到“立足课内，面向课外”“努力开发课堂资源，拓宽学语文，用语文的天地”。因而，在新课程理念下，教科书不再是课堂的唯一资源。课堂可以渗入多种元素，如图片、音乐、电影短片、跨学科的知识……只要是有利于语文教学，能更好地帮助学生学习语文，我们都可以加以引进，使语文课成为一个辽阔而绚丽多彩的世界。课中，我引进毛泽东的《清平乐·六盘山》，既弥补了农村学生课外阅读的不足，同时借名人的评价提高学生对长城的认识。当学生再读课文时，学生的感悟就不仅仅停留在长城的“高大坚固”上，而是螺旋上升地生成更深层的理解和感受。

“课堂上没有读书声是语文教学的悲哀，课堂上只有读书声则是语文教学的倒退。”所以语文老师对“读”的处理需慎重，把握有度，在“读”与“理解”之间、“读”与“训练”之间取得平衡。这样，“读”才能绚丽地栖居在生机勃勃的语文课上。

教学语言的智慧攻略

语言是人类最重要的交际工具，人们借助语言保存和传递人类文明的成果。在课堂教学上，语言也是教师主要的启发与传播知识的工具。它主要分为：导语——引导、过渡；讲授语——传授知识、开拓思维；启发语——提问启发、活动组织；评价语——总结、激励、纠正。

当今语言学界都承认这样一个基本事实：任何民族的四五岁儿童都能无师自通地掌握包含数不清语法规则变化的本民族口头语言。这种语言的习得来源于孩子在所处的环境中模仿和运用，然而，这是以方言为主。到了小学阶段，学生需要学习规范语言，其语言学习的原理一样——在环境中模仿与运用。这时候学生接触最多的是书面语言及教师课堂教学语言。可见，教师课堂教学语言对学生的影响是潜移默化的、细水长流的。因而教师的语言应如诗一般简洁、明快；如歌一样情感丰富、动人心弦；如画一样线条流动着美丽。更重要的是，教师的语言应具有启发性、饱含智慧。教师如何使自己的课堂教学语言做到有效果、有智慧呢？

第一，导语激发兴趣。

教师都希望学生在课堂上对知识充满渴求，带着一种高涨的、激动的情绪学习和思考。然而，学生的学习兴趣往往又藏在深处，你必须费尽心思地开发，才能被巧妙地激活。所以，教师应在教材中努力地寻找进行课文学习的切入点，创设情境，调动学生良好的情感，让学生处于高昂的情绪状态之中，对所学的内容产生浓厚的兴趣。如《珍珠鸟》一课中，我为学生展示色彩鲜艳的珍珠鸟图片，吸引学生眼球。然后介绍珍珠鸟的生活习性：“珍珠鸟生活在草原、灌木、荒漠等开阔地带，也见于园林和民居附近，觅食植物种子、嫩芽，会吃少量小昆虫，栖息在树林，喜集群生活。繁殖时仍然结群营巢，不哺育的鸟仍然在一起觅食嬉戏。

这种鸟羽色艳丽，体形娇小玲珑，叫声细柔，给人以美的享受。”当可爱的珍珠鸟的形象跳入学生心田时，我问：“你喜欢珍珠鸟吗？想和它做朋友吗？”学生顿时兴奋起来，围绕珍珠鸟的话题，踊跃发言，妙趣横生。这时候，学生自然对课文感兴趣，产生探究的欲望。学生一旦产生了这种精神上的愉悦感，就会更加投入学习，更加活跃思维，课堂学习就更加生机盎然了。

第二，讲授语张弛有度。

有些教师很怕讲授知识，担心被套上“填鸭式教学”的帽子，扼杀学生的独特体验和创造性。所以，有时多名学生也回答不上的问题，教师还在使劲地启发，可学生还是一窍不通。这既消磨了时间，又降低了课堂教学质量。所以，教师应做到：不需讲时不讲；需少讲时精讲，需要讲时畅讲。不讲是指学生可以通过自己的能力解决问题的，教师要放手让学生去探索。精讲是指问题有点难度，但经过启发点拨，学生还是可以自己解决的，教师的讲解要点到即止。畅讲是指大部分学生对此知识点感到很陌生和困惑，无法借助已有的知识基础和经验解决问题，这时候，教师一定要讲得透彻，不管占用多长的时间。

根据教学需要把握好讲的度，有时不讲还胜于讲。

《临死前的严监生》这一课，吴敬梓用他的笔把人性的复杂一面描写得淋漓尽致。为了了解吴敬梓笔下的严监生，我查阅了三份与这篇课文相关的论文，阅读了整本《儒林外史》。当我在熟悉文本再读《儒林外史》后，我感到很惊讶，原来课文的这个片段只是反映严监生其中的一面，真正的严监生并不是单纯的吝啬鬼，他守财，却愿意为亲人疏财。他自己生活非常节俭，但是对家人却非常豪爽。如送两位舅父上京赴考的盘费；为让赵氏正式入门送舅老爷银子，摆二十多桌酒菜招待好友；为了治好妻子王氏的病，他每日请四五个医生用药，都是人参附子；王氏去世，他自此修斋、开丧、出殡，用了四五千两银子；他哥哥犯事逃了，差人来抓，留差人吃了酒饭，拿两千两银子打发去了；每年都到庵里送钱给尼姑、穷人；等等。而他自己生病了，却不舍得吃人参附子，还惦记着农庄里的事务。按现在的观念来看，严监生不是吝啬，而是一个有情有义的人。当了解到这些后，我觉得对文本的解读就不仅仅落在他守财奴的形象，还应让学生走进《儒林外史》，让学生像我一样发现真相。于是，我与学生一起共读《儒林外史》，一起进行阅读交流，分享自己的阅读体会，用学生的阅读活动代替我的讲授，学生对严监生的认识更全面深刻了。

第三，启发语组织引领。

其一，组织引导。在课堂上，教师是教学的组织者、引导者、促进者。教师应该用启发性语言点燃学生思维的火花，使学生在思维碰撞中产生一个个新的疑问、激起新的兴趣、引发求知欲。但我们的课堂教学上常常充斥着无效的语言，其中“提问”尤为突出，如：“读了《卖火柴的小女孩》你是否觉得小女孩子很可怜？”这是过于简单，学生脱口而出就能完成的问题。学生只需要回答“是”或“不是”。当然也有超出学生能力范围或模棱两可的问题，它们都不具有启发性的。启发性的问题应该依据《义务教育语文课程标准（2011 年版）》及教材要求而提出的有的放矢的问题，它具有很强的生成性，往往是一个问题抛出，能在学生当中引起头脑风暴，生成更多层出不穷的问题，而这些问题从学生中来，也在学生中得到解决。如四年级《飞向蓝天的恐龙》一文，我启发学生从中心句“在中生代时期，恐龙的一支经过漫长的演化，最终变成了凌空翱翔的鸟儿”中产生质疑：“科学家是怎样推想这一结论的？”学生带着问题进入文本探究，随着学习的深入，他们又发现要解决这个问题必须先解决“根据什么推想？如何推想？”的问题。这样，学生在学习中不断生疑，渐疑渐解，最终豁然开朗。

其二，方法引领。《义务教育语文课程标准（2011 年版）》明确指出：“语文课程丰富的人文内涵对学生精神世界的影响是广泛而深刻的。学生对语文材料的感受和理解又往往是多元的。”不同的学生阅读同一篇文章，产生不同的感受和体验。很多语文老师能做到“珍视学生的独特体验”，却没有关注到学生为什么能产生这种体验，产生这种体验的途径是什么，也就是如何习得这种体验的学习方法。德国教育家第斯多惠说，一个真正的老师指点他的学生，不是已投入了千百年劳动的现成的大厦，而是促使他去做砌砖的工作，同他一起建造大厦，教他建筑。在这个知识膨胀的年代，教给学生掌握获取知识的方法远远比教给学生知识重要。

教师在教学中，要做个学法指导的有心人，重视学生掌握学习方法的过程。在这个过程中，老师不断启发引导，帮助其归纳学习方法，使其学习方法从模糊的状态得到清晰与提炼。如教学《地震中的父与子》一课，我是这样进行的：

师：课文结尾为什么说这是一对“了不起的父与子”呢？请自由朗读课文后，找出相关的语句，和同学交流自己的看法。

生：我体会到了爸爸很累，顾不上休息，不停地挖。所以他很了不起。

师：你是从哪些词语中体会到爸爸已经很累了？

生：我从“满脸灰尘”“双眼布满血丝”“衣服破烂不堪”中体会到的。

师：这是什么描写？

生：外貌描写。

师：原来你是从爸爸的外貌描写中体会到爸爸尽管已经很累了，但还是没完没了地挖下去，所以爸爸是了不起的。你体会得真深刻！我们除了从人物的外貌描写体会人物形象，谁还能从其他的什么描写方法中体会？

生：动作描写、语言描写。

师：你还能用这些方法说说你的体会吗？

……

老师通过点评启发，帮助学生归纳人物外貌特点，体会人物形象。以点带面发散开去，让每个学生思考：“还可以通过什么描写方法体会人物形象，感受父子之情。”从心理学来说，孩子的模仿性很强，他们会不由自主地朝着被老师肯定的方向努力。这时候，老师的语言就能起到导向引领的作用，引导学生从对文本的思考关注到学习方法的习得，从关注理解感悟到关注语言表达。

又如，我指导学生理解《窃读记》的“急忙打开书，一页，两页，我像一匹饿狼，贪婪地读着”一句。学生回答：“我从‘急忙’‘贪婪’这两个词中体会到作者非常爱读书”我不失时机地为学生归纳理解方法：“你理解得真准确，原来抓关键词、联系上下文是理解句子的好方法。同学们以后也可以采用这种方法理解句子。”这样，学生既理解了句子，也明白了理解句子的方法。如此下去，学生将识字、阅读、写作方面的学习方法一点一滴地积累下来，长年累月定能了然于心，最终能灵活地运用到实际的语文学习当中去。

其三，深度挖掘。教学是教师“教”与学生“学”的双向过程。教师通过学生的回答评价他们对知识的掌握情况，再引导其向更高一层次的发展。如何引导？首先要认真地聆听，抓准学生回答中的要点，以此作为切入口，挖掘文本内涵，引领学生深入文本。如在执教《学会看病》一文中，我为了引导学生通过心理描写，紧紧扣住“忐忑不安”一个词深度挖掘，揣摩母亲的感情变化，对学生进行了以下的启发对话：

课件出示：时间艰涩地流动着，像沙漏坠入我忐忑不安的心房。两个小时过去了，儿子还没有回来。虽然我知道看病是件费时间的事，但我的心还是疼痛地收缩成一团。

师：哪个词写出了母亲的心理活动？

生1：忐忑不安。

师：联系语境，你怎样理解这个词？

生2：母亲很担心。

师：猜想母亲会担心什么？

（学生从不同的角度猜想推测……）

师：（总结）母亲担心他在去医院的过程中遭遇车祸；担心他在看病的过程中不知怎么办；担心他在打点滴的过程中身体过敏不适……种种的担心化作句中的一个词。

生：（齐）忐忑不安。

师：谁能读出母亲忐忑不安的心情？

（生 3 读句子，读出了不安的情感。）

师：你从这些词中，读出了一个怎样的母亲？

生 4：关心孩子、爱孩子……

师：既然她这么爱孩子，为什么又做出了让人费解的行为，请读读她的心里话吧！

课件出示：孩子，不要埋怨我在你生病时的冷漠。总有一天，你要离我远去，独立面对生活。我预先能帮助你的，就是向你口授一张路线图，它也许不那么准确，但聊胜于无。

第四，评价语激励诊断。

教学评价自始至终贯穿教学的全过程，面对学生课堂学习行为的表现，教师采用饱含感情、生动形象，又透出智慧的评价语言，往往能激发学生的积极情绪和情感，使之成为学生主动学习、自我发展的驱动力。然而我在多次的学校调研中发现，大多数老师忽视了自己评价语言的作用，多是不假思索地回复，或随便应付，主要体现为以下三点：

一是点评的内容单一。当学生回答问题时，老师给予的答复是“对”或“错”。至于对在哪里、错在何处，没有明确指出。学生不清楚自己的问题在哪里，因而不能得到提升。

二是重复学生的回答。个别老师因为担心其他学生听不清答者的回答，就把学生的话重复一遍。长此以往，形成习惯。老师的重复显得拖泥带水，甚至混淆了学生的思考。

三是评价走过场。有的老师对学生的回答置若罔闻，匆匆过场，急着让下一位学生回答，直到学生答出老师预设的答案，老师才抓住学生的亮点进行点评。那么前几位学生的回答便形同虚设，学生的努力得不到认同，定打击其继续学习的信心。

以上三点都可视作无效的评价。《义务教育语文课程标准（2011 年版）》指出：“应发挥语文课程评价的多种功能，尤其应注意发挥其诊断、反馈和激励的功能，有效地促进学生的发展。”因而，评价应凸显其激励、诊断和发展功能。细化至对学生课堂学习行为的评价方面，表现如下：

首先，激励功能。激励功能表现在：通过心理暗示，激发潜能，不断培养人的自尊心和自信心，使其能有不断进取的动力。现代心理学表明，当学生某种良好的行为出现之后，如能及时得到肯定，就会产生某种心理满足，形成愉悦的心境，并使同类行为继续向更高层次需要做出积极的努力。因此，教师就应注重对学生学习过程的评价，关注学生在学习过程中的点滴进步和变化，及时给予评价和反馈。比如在语文课上，当学生提出质疑时，老师可评价："你有一双会发现的眼睛。"鼓励学生大胆求疑，勇于释疑，发展他的批判思维。当学生能读出文中表现的情感时，老师可评价："我仿佛听到作者的声音，说明你已经走进文中的世界，体会作者的情感。"既鼓励了学生，也暗示学生要走进作者的世界，与作者产生情感共鸣，这时候的朗读才能打动别人。当学生书写端正时，老师可评价："你真是未来的书法家。"激发他继续写好字的动力。

对于学困生的评价，老师要始终对他抱有期望，相信他也能通过努力取得进步。切忌使用"好""非常棒"等陈词滥调的表扬。根据每个学生的具体情况，确定学生的"最近发展区"，使学生明确自己努力的目标。如在学生朗读的评价方面，对学优生而言，侧重于对学生从语音、语调和语气等方面是否读出感情的评价。而对学困生而言，更侧重于是否读准字音、是否读通顺流利。学生只要达到他的"最近发展区"，老师就给予肯定，鼓励他继续进步。

其次，诊断功能。诊断功能表现在：从学生的反馈中了解学生的学习状况，及时调整教学策略。课堂教学评价最显著的一个特点是诊断。根据学生的学习行为，分析、诊断其在学习过程中哪些部分做得好，同时指出哪些地方存在问题，找出原因，提出改进措施。

学生在接受新知识的过程中，有误解、犯错是在所难免的。有时候，学生表现出的错误，恰恰就是学生不懂的地方，也是老师得加以重视与指导的地方。如识字教学中经常会出现形近字、同音字、变调字等混淆的情况。在教学《太阳是大家的》一课时，有教师是这样通过评价帮助学生发现问题，纠正错误的。

活动情景：老师讲授完“彤、霞、陪、趁”四个生字后，让学生练写。发现有五个学生把“陪”写成了“部”。于是，老师展示其中一位学生的写字本，让学生观察，评价他写得如何。

生：他写得很工整，但有一个字写错了。

师：你能详细地说说吗？

生：他把“陪”字写成了“部”字。

师：请你仔细观察两个字有什么不一样。

生：“陪伴”的“陪”字是左耳旁，“部分”的“部”是右耳旁，它们的偏旁位置不同。

师：你真厉害，那么以后我们就不能再犯这个错误了。

在语文教学的评价中，教师不是唱独角戏，学生也是评价的主体。《义务教育语文课程标准（2011 年版）》指出：“应注意将教师的评价、学生的自我评价及学生之间的相互评价结合，加强学生的自我评价和相互评价，促进学生主动学习，自我反思。”所以，让学生参与到评价中来，观察、发现、纠正、反思，学生通过自己的努力获得的知识更深刻，更不容易遗忘。

我们在教学中发现，学生因为他所处的生活环境，获得生活经验的不同，因而对文本的解读或对生活的理解会出现偏离，老师要给予正确价值取向的引领。如一名四年级学生写到与几个小伙伴到公园里把垃圾桶掀出来当球踢的事情。语言虽然生动幽默，充满童趣，但这种破坏公物的行为是有悖我们正确的价值观，也许学生只把它当成好玩的事情，并没有认识到这是错误的。因此，老师在作文上做了以下的评价：“文章写得很生动，欣赏你的真情表达，可是垃圾桶破坏后，公园的环境也遭到破坏了，可惜！”通过评价，肯定学生写作中语言丰富生动的一面，同时提醒他改正自己行为上的错误。

最后，发展功能。发展功能表现在：教学评价不仅关注学生的现实表现，更要重视学生的未来发展，重视每个学生在已有水平上的发展。归根究底，评价就是要帮助学生发展。儿童的思维是跳跃的，缺乏严谨性，不善于抓住事物的本质或关键点进行思考。在教学中，我们经常遇到天马行空地想象、漫无边际地离开主题思考的学生。唐晓杰认为：“评价要发现和发展学生多方面的潜能，了解学生发展中的需求，帮助学生认识自我，建立自信，促进学生在原有水平上的发展。”所以，即使他们的回答与问题的本质对不上号，但不表明学生不能继续有效思考，老师的评价要关注到学生的发展需求，想办法点拨启发，引导学生的思考方向回到正轨上，在课堂上提升学生的学习能力。如《她是我的朋友》一课中，我是这样通过巧妙的点评引导学生，调整思路，继续思考。

师：我们来找一找描写阮恒表情、动作的句子，并说一说他当时是怎样想的。

生：（一只小手颤抖地举起来，忽然又放下去，之后又举起来）我想他当时肯定很怕。

师：请注意题目要求，你能联系他的动作，思考他当时是怎样想的吗？（意图：指出错误，引起学生对问题核心要求的关注。）

生：他把手颤抖地举起来，在想：“我要救她。”又放下去，可能在想：“我会不会死呢？”然后又举起来，可能想：“我一定要救她。”

智慧的语言能唤起学生探究的欲望和热情，点燃学生探究智慧的火花，开启学生思维智慧的闸门，使每个学生带着好奇、充满信心地进入学习乐园。

通过评价，提高小学生写作兴趣

作文教学是语文教学的半壁江山，它能全面反映学生的语文综合能力，是语文学科工具性和人文性的学科特点的具体表现。作为一名语文教师，重视作文教学，提高学生作文水平，是常抓不懈的事情。然而，怕写作文是学生的通病，一听到写作文就唉声叹气，叫苦连天。我曾在四年级进行了一份书面调查表明，喜欢写作的学生仅占 15%，对作文持中立态度的占 31.7%，怕写作的学生占 53.3%。究其原因，主要是对写作缺少了兴趣，没有了动力。因此，要提高学生的写作水平，当务之急就是要提高学生的兴趣。

赞科夫说："只有在学生情绪高涨，不断要求向上，想把自己独有的想法表达出来的气氛下，才能产生出使儿童作文丰富多彩的那些思想、感情和词语。"可见，兴趣是最好的老师，兴趣是作文最重要的内驱力。学生只有对写作有兴趣，才能做到《义务教育语文课程标准（2011 年版）》提出的"乐于书面表达，增强习作的自信心。愿意与他人分享习作的快乐"。有了这种意识，才可以享受写作的快乐，在快乐的氛围中，写他们身边的故事，表达自己的情感，阐述自己的观点。

评价的激励功能告诉我们：评价能激发人的动机，使人具有内在驱动力，向期望目标前进。从这种意义上讲，作文评价能给学生产生满足感，激发学生写作动机，促进学生参与的主动性与热情。因此，我以评价的激励功能作切入点，探索如何通过评价激发学生的写作兴趣。

表 4-8　提高学生写作兴趣实验

评价方法	学生表现
第一种评价方法：教师对学生的作文进行了修改，并打上分数（分数比实际水平略高）	当作文本发下去的时候，学生看一看分数，有的马上把作文本放回书包，有的在比较谁的分高，之后把作文本放好
第二种评价方法：教师对学生的作文精批细改，打上分数（分数偏高），并在课堂上给学生时间，让他们读教师修改后的文章，学习写作的技巧。我还随机对几个学生进行面批，具体地指出学生需要改善的地方	学生很认真地阅读，我留意到70分以下的学生一改慵懒的态度，也读得很认真。可当我耐心地指导一名尖子生时，他皱着眉，不耐烦地低声抗议："干脆你帮我写吧。"很明显，尽管教师为了修改学生的作文费了不少心血，部分学生对此并不认同
第三种评价方法：保留对后进生的精批细改，当学生写得不通顺的地方用横线画出来，打上问号，写错字的画圈。并捕捉学生写作的闪光点，写旁批。例如，在发现学生的文章中某一句、某一段写得特别精彩时，我写上"这句把小伙伴的神态写得活灵活现""这部分写得多优美，把我吸引住了""要是把你当时的心理活动写下来，或许更能表现出你的无奈"……对写得精彩的句子、片段，教师在班上范读，表扬提倡	学生兴致勃勃地看老师的评语，时不时还互相议论，交换看评语，接着渐渐安静下来，课堂上他们时而执笔沉思，时而恍然大悟，在作业本上挥笔疾书。当教师抽读部分学生的好句时，可以想象这学生是何等的高兴
第四种评价方法：教给学生修改作文的方法和评价的方法，并进行一段时间的训练。当学生掌握了方法的时候，参照国内外作文评价的经验做法，教师设计一份作文评价清单（见图 4-28），引导学生对照清单进行自评和互评。例如，学生对作文进行修改，寻找文章的闪光点且用自己的话予以表扬。最后写看了这篇文章的感受及提出改进的建议 教师设计了一个互动环节：朗诵你最欣赏的作文片段，推荐你心中最喜欢的文章（其实就是让学生鉴赏作文）。先在小组里交流，再在全班交流	学生积极参与，兴味盎然，在交换诵读、互为欣赏中找到写作的动力。写作水平有了大幅度的提升

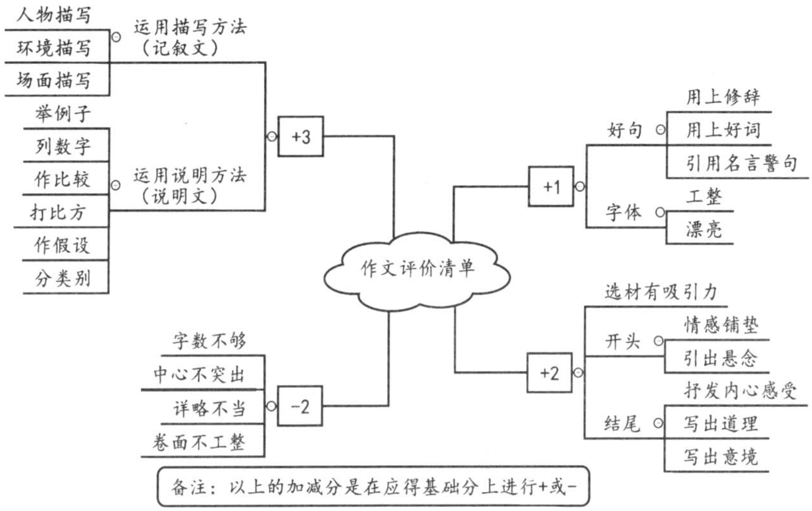

图 4-28　作文评价清单

实验启示：

第一种评价方法是糟蹋了学生写作的辛劳，浪费了教师批作文的时间，学生只瞟一眼成绩，没有反思自己的作文写得如何，应如何改进，更没有从评价中获得成功的喜悦。把写作文当成完成一次任务而已，这样长期下去，学生写作的热情定会递减，写作水平很难得到提升。

第二种评价方法增加了教师细致的修改和详细的点评，并要求学生阅读修改后的文章。对于学困生来说，他们的课余生活也许更丰富多彩，捉鱼、打篮球、和朋友们打野战，这些精彩的材料成为他们向外倾诉的动力。但是这类学生很少广泛涉猎课外书籍，语文知识面窄，思路不畅通，理解分析能力欠缺，加上语文基础功底差，写起作文来不懂如何表达，错别字连篇，病句迭出，使得心中一幅幅生动的画面在他们笔下变了味。教师的精批细改，就等于把这变了味的画面还原本色，让异彩纷呈的童年生活再现纸上，让学生读得津津有味，回味反刍。显然，精批细改对学困生无异于系在婴儿身上的学步带，引领他们一步一步地向作文的领域迈进。对于学优生来说，意义就不同了。他们有自己的主见，善于表达，而教师将自己的想法填充给学优生，反让他们在习作中处处感到不自在，受到压抑。因而教师对学优生的评语应点到即止，留给学优生多一点表达的空间。

第三种评价方法体现了教师旁批的作用。教师的旁批是学生习作的回音壁。作文本身是学生的一种倾诉，从心理学角度讲，人的任何一种倾诉都有需求回应的欲望。对于学生，教师热情的赞许，如寒冬的阳光，送来温暖；教师鼓励性的评语如拂面的春风，送来朝气；教师启示性的评语如漆黑中的灯塔，给迷失的心灵指明方向。学生从教师的评语中品到成功的甜果，也找到自己的不足，看到前进的方向。因为教师评价的着眼点只在于一个句子、一个片段、一个新颖的构思……大大降低了受表扬的难度，使得每一个学生都有被发掘闪光点的机会，都有在同学们面前展现的机会。为此，他们开始对作文的句子琢磨起来，对比喻、排比、拟人这些修辞方法青睐起来，写作的热情如黎明时分的红霞，让我看到曙光穿透厚厚的云层抵达希冀的彼岸。

第三种此评价方法改变了作文只给教师看的传统模式，让学生参与到修改作文、欣赏作文的评价活动中来。欣赏作文，是作文训练的一种特殊形式，具有强烈的情感色彩、高度的审美功能、浓厚的语言训练氛围，是作文课的补充、延伸、提高。它的主要作用是取人之长，补己之短。组织学生欣赏作文，他们就像蜜蜂一样吮吸其他同学作文中的精华，把好的写作方法融为己有，以促使自身写作水平的提升。

再者，人的深层里都有渴望被赏识的愿望。小学生更是如此。教师一句表扬和鼓励，同学间的欣赏，都如春风柳叶般撩拨学生心中的涟漪，给他们带来经久的甜蜜和喜悦。当每个学生都有成为“作家”的感觉，身边围着一群“小粉丝”时，怎能不爱写作文，怎能没有写作的动力？

然而，实施第三种作文评价模式的关键在于学生对修改作文技能的掌握。众所周知，不同学生是有差异的。有的学生评得很全面，有的学生可能断章取义，乱评一通。如果把评价的担子完全推给学生，就很容易弄巧成拙，不但不能激趣，还会令学生写作能力停留在一个平面。这得靠教师评价的整体调控，教师也得参与到评价中来，发挥其导航的作用。要让小学生写出好文章,得提高评价者(语文教师)鉴赏作文的水平。教师的评价方向影响着学生的习作方向。然而,很多教师心中都存在困惑:什么才是好作文?林清玄说:"拙劣的文章常常是词句的堆砌,扭曲了作者的个性。好一点的文章是光芒四射,吸引人的视线,但别人知道你是在写文章。最好的文章,是作家自然地流露,他不堆砌,读的时候不觉得是在读文章,而是在读一个生命。"

基于以上思考,我设计了一份作文评价清单,一方面可引导学生认识到什么是好作文,懂得鉴赏就知道如何写。另一方面,学生需要多方面的反馈,既有来自教师的,也有来自同学的、自己的,甚至父母的,结合多方意见后,再进行判断修改,这样的文章更有吸引力。作文评价成为师评、同学评、自己反思修改三者的结合,最大限度地调动学生写作的积极性,同时以评价清单作导航,提高学生的写作能力。

儿童习作，难在哪

作为教研员，到学校调研后要写调研报告。有一个学期，我写了10份，约4.5万字。写报告是最烦人的事情，第一我对它不感兴趣，它只是任务，第二我要从不同的角度描述不太熟悉的东西，常常像挤一条将要用完的牙膏一样困难。我想，这情况就相当于学生写作文。学生大部分时间写的是命题作文，统一题目、统一要求。题目不一定让所有学生感兴趣，让他们有话可写，于是他们常常也是在“挤牙膏”。

从心理学的角度来看，写作经历了这样的一个过程：比如一件事情（或事物），先通过眼睛、耳朵等感觉器官接收，进入大脑形成表象。它是模糊的，有时候还会因记忆错误而断断续续，它就像零零散散的碎片。然后就是在大脑里寻找事件的记忆碎片，组织材料，还原事件，取舍材料，突出中心，最后是把心理语言转换成书面语言。

我一路写下来，就有了一些写东西的体会。写东西之难，应该在于材料的收集、选择与组织。比如，我要写一所学校的报告，那么我到学校调研时就要不停地收集信息，有学校汇报的、有科组长汇报的、有课堂教学反馈的、有各项检查和调查问卷得到的，也有领导和同事观察所得的。调研结束，摊在我面前的就是一大堆凌乱的材料，为了写出学校的特点，我得筛选，提取有用的材料，再把材料归类排序，前面的调子定了，后面写就容易多了。

以此类推，学生为什么怕写作文，我认为主要的原因就是心中没有内容，倒不出来。正如写同一个主题，为什么有些学生写得生动有趣，有些学生写得干枯呆板？因为后者找不到可写的材料。

这种情况，儿子在读小学三年级的时候也曾遇到过。当时他想象力丰富，爱编故事，我鼓励他写下来，他洋洋洒洒写了三千多字，始终兴致勃勃，显得意犹未尽。然而他不爱写教师布置的命题作文，为此他常常抓耳挠腮。

一次，他向我求教如何写拔河比赛。他说同学们使劲拉着绳子，没多久就分输赢了，输的人扫兴，赢的人高兴，有什么好写呢？尽管那是学校刚刚进行的一场大型的活动，但是烙在一个小学生的脑海里，并不是深刻的。那么，我要叮嘱他要用好词好句、教他用什么写作方法吗？不，我一直不主张在指导习作中过于强调写作方法，这会束缚学生的思维，让他们瞻前顾后。写作方法是在阅读课上通过读写结合的方式习得，当学生进入写作时自然运用。

我拿来手机，打开摄像功能，对他说："孩子，写作时，你要把自己当成摄影师，优秀的摄影师最会取景。你看，这就是全景。"我把镜头往后拉，景物尽收眼底。接着说："现在，你在脑海里回放当天的拔河比赛，你像摄影师一样描述拔河的全景是怎样的。它不需要面面俱到，但是它能给你总体的感觉。"

儿子想了想，说："学校组织一次拔河比赛，同学们乐翻天，激动地来到操场上……"

等儿子描述完毕，我表扬他讲得清楚、流利。再把镜头往前拉，对儿子说："孩子，这是近景，它是全景的一个部分。你看山、楼房、道路、停车场、垃圾房……这些近景中，哪一张最能写出你对咱们小区的感受？"

儿子说："山、湖、道路、楼房，我觉得这些都很美。"

我说："在你的印象中，你认为小区很美，所以你选择最能体现美的近景。那么拔河比赛给你的感受如何？"

儿子说："拔河比赛很刺激、很紧张。"

我抓紧启发："回忆这一次比赛，哪一个镜头能突出紧张？"

儿子想了想，说："大家各就各位的时候。"

"他们的哪些动作、神态表现出很紧张的？"

儿子说："他们蹲下身体，双脚分开下压……"

"还有其他镜头吗？"

儿子把视线移到观众和教师身上，慢慢地描述。

等他讲得差不多了，我再让他看手机："孩子，这是特写。特写让你把景物看得更清晰，它离你那么近，像唾手可得，让观众一下子产生亲切感，如亲临其境。写作也是这样，不论写事，写人，写物，既要有全景、近景，更要有特写，它就是全文的中心，是文章的魂。回到这件事，你写拔河比赛，最想告诉读者什么，我想肯定不仅仅是'紧张'吧，想想拔河的意义与给你的启发。"我把他的思路引向探究事物的本质。

他说："我们班很团结，大家都想赢。"

"好的，哪个特写能突出这一点，你细细地想想，选一个人作为特写参照。"

"我想说我比赛时是怎样想的。"

"很好！"我抚摸着他的脸说，"你是当中一员，你的亲身感受最有代表性，但是只是怎样想是不够的，还要说说你是怎样做的。"

在我的鼓励下，他又细细地描述。他只要把思路理清，就能顺利地写。这一次作文辅导，他能轻松地跨过障碍，也让我再一次确定，儿童习作的难点是不知道如何选择与组织材料。

浅析小学生写假作文的成因及对策

现在学生的作文出现了什么问题?

一是思想境界太高。

学生不写生活中的小事、平凡事，但凡下笔，必是惊天动地。以南沙区一次期末测试作文“写我最熟悉的一个人”为例。部分学生的文章内容惊人地相似。他们写的是妈妈。例如:“我生病了，妈妈背我看病，下着滂沱大雨，摔一跤，额头流血，顾不得疼，拼命地往医院跑。结果我好了，妈妈病了。”如此催人泪下，感人肺腑。然而，一看就是破绽百出。妈妈为什么一定要背着“我”去看病，难道就没有其他更快捷方便的交通工具吗?为什么总是有下雨、摔跤、流血的场面?结局为什么一定是“我好了，妈妈病了”?可见，学生的作文已经被预先排练了，估计背后的“导演”认为只有这样思想觉悟高、唯美感人的作文才能拿高分，于是一直暗示或范读这类文章。可是，生活中这样的事例太少了，学生找不到，只有编了。

在这里凸显了语文教师“对作文评价的偏差”。评价小学生的作文应侧重于内容和语言两方面。从内容上看，首先鼓励学生写自己的世界。《义务教育语文课程标准(2011年版)》对小学生习作是这样要求的:“观察周围世界，能不拘形式地写下自己的见闻、感受和想象，注意把自己觉得新奇有趣或印象最深、最受感动的内容写清楚。”当中提到“不拘形式”“见闻、感受和想象”这些字眼都强调了自由地、真实地表达，才能写出自己的真情实感，就正如叶圣陶先生所说的“在写作上，‘诚实’是‘有什么说什么’，或者是‘内面怎样想怎样感，笔上便怎样写’。不是我手写我心，会给学生造成太多的压抑”。其次是要培养学生的读者意识，让学生明白写作是为了表达交流。在习作的时候得引导学生换位思考：你写的内容是否有吸引读者读下去的魅力，是否能引起读者的共鸣或思考？你写的句子是否能清晰地表达自己的意图，让读者能读明白？从语言上看，“通”是关键。它是指组织的材料流畅、语言通顺。叶圣陶先生认为，文而不“通”，犹如一件没制造完成的东西，拿不出去。在“通”的基础上，我们才讲究它语言的表现力是否丰富。

二是猜题背作文。

有的教师为了学生在语文考试中作文部分能稳步拿分，给学生提供了“妙招”，把本学期全册教材的八篇作文练笔或其他作文材料背下来，再根据题目对号入座。以一次三年级测试的作文为例：

三年级作文题目（二选一）

1. 请以“＿＿＿＿＿＿＿＿＿＿，我想对你说”为题，写出你的心里话，内容不限，你想写什么就写什么。

2. 请介绍自己熟悉的一个地方，把这个地方景色的特点写清楚。

部分学生出现了两种情况：一种蒙对的。全班写《我的校园》，因为教师曾在课堂上指导该篇作文，但当时教师并没有引导学生进行发散思考，所以学生写出来的文章的结构和内容几乎如出一辙。另一种是蒙错的。学生写的是《龟兔赛跑》《富饶的西沙群岛》《美丽的小兴安岭》，抑或是抄阅读题的阅读材料。

这样的做法导致学生审题能力下降，学生不思考题目的要求，不回顾生活，酝酿题材，也不创新、丰富等等，他们把完成习作当成了机械应试，从而违背了写作是为了表达、交流的初衷，扼杀学生的思维，使学生的想法如同从一个模板里刻出来的。

三是想象力受到压制。

心理学家认为，发散思维以形象思维为基础，就是想象力。众所周知，儿童正处于形象思维特别活跃的时期，也应该是想象力最丰富的时期。可是我们小学生的作文，总会出现过于雷同、文字干巴、毫无灵气的状况。据调研发现，这归咎于语文教师在作文课上过多、刻板地讲写作技巧，从而忽视了学生思维的开发，即没有引导学生如何从生活中发现写作素材、选择写作内容。这样做只有一个结果：比喻、拟人的修辞手法和外貌、神态、动作、心理活动等描写方法变成了条条框框，压制了学生的思维和想象力，使学生变成不会走路的“邯郸人”。我曾听一位教师执教三年级学生的习作课“我学会了____________”。请看她这节课各环节教学内容的时间分配图：

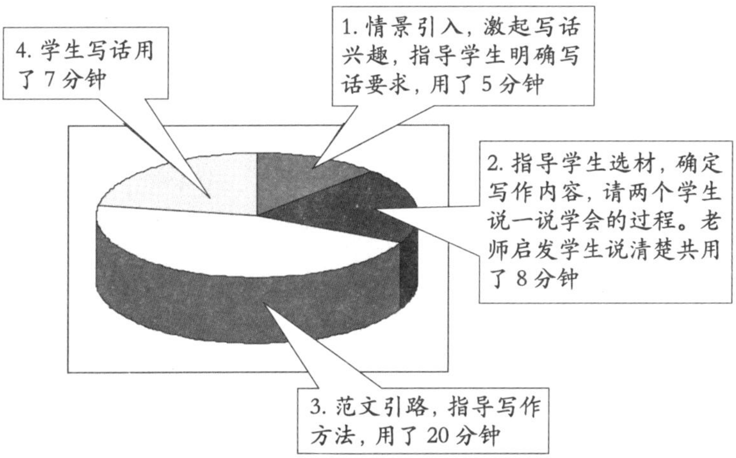

图 4-29　某教师教学内容的时间分配图

学生在这节课呈现的结果是：60% 学生用记流水账的形式把“我学会了……”的顺序简单地写下来，行文格式，甚至内容，皆与范文相似。

原因分析：在丰富的学习生活中，教师没有让学生回忆自己的各种体验，寻找自己印象最深刻事例，也没有让学生与他人分享自己的体验，导致学生没有获得写作素材的前提下，过早地出示范文。学生只能依葫芦画瓢——照样，所以全班的习作高度雷同。

2009 年教育进展国际评估组织对全球 21 个国家的调查显示，虽然中国学生的计算能力世界第一，但创造力在所有参加调查的国家中排名倒数第五。在被调查的学生中，认为自己有好奇心和想象力的只占 4.7%。这告诉我们一个严重的问题：学生的想象力令人担忧。

究其原因，是教师把阅读与写作分开。阅读课只重视理解与分析，忽略了写作方法的学习，白白浪费了课文可作为写作的范例的作用。我们的语文课应该抓住语文的根本，帮助学生进行语言文字的实践和运用。在听、说、读、写、书上做文章。读是为了写作服务，写作是在理解的基础上提升，两者如同亲密的战友。所以，听、说、读、写是交叉融合在一起，写作能力也是在语言实践中训练产生、提高的。

另一方面也反映写作课上一部分教师的心态：作文难教，学生难写，担心学生不会写，于是不停地塞给学生写作方法。在实际的写作过程中，学生的作文是经过思维到内部语言的转换，内部言语到外部口头言语表达的转换，内部言语到外部书面语言的转换过程。在这个转换过程中，口头言语表达是书面语言表达的基础，它有利于降低写作的难度。所以在作文指导课中，教师应更注重引导学生依照写作任务，再现写作情境，激活思维，酝酿写作素材，然后给学生足够的时间，把思想组织的材料有条理、连贯地口头表达出来，为书面语言表达铺垫。

怎样才能在教学中杜绝作文虚假现象呢？也可从三方面着手。

第一，阅读课，侧重教给学生写作方法。

学生抄作文，最主要的原因是不懂方法，因而没有写作的路径，对习作无从入手。而写作方法的习得不应该放在习作课的时候才进行指导，而是放在整个单元的阅读课的学习中掌握。以人教版语文五年级上册第七单元为例：

单元导读要求：学习人物描写的方法

学习《小嘎子和胖墩儿比赛摔跤》，掌握抓住人物的动作、语言、肖像、心理活动等描写方法表现人物性格特点的写法，侧重连续动作描写

↓

学习《临死前的严监生》，掌握抓住人物的细微动作描写、神态描写表现人物形象的方法

↓

学习《“凤辣子”初见林黛玉》，掌握抓住人物的外貌描写、语言描写表现人物形象的方法

↓

学生运用习得的学习策略自主学习略读课文《刷子李》《金钱的魔力》，进一步巩固人物描写的各种方法

习作实践：写一个印象深刻的人

图 4-30　人教版五年级上册第七单元

我们要充分发挥课文的榜样作用。阅读教学应在理解感悟的同时，让学生积累词语、句式等书面语言的构成零件，习得各种文体的写作方法及表达方式，进而指向运用，为单元的习作实践服务。

第二，习作指导课，侧重拓展思路，启发思维。

从费劳尔和海斯提出的写作过程认识模型可看出，写作是一组思维过程，作者在这些过程中组织思想并构成篇章。小学生在习作时，他们需要先将思维中想要表达的内容挑选并固定下来。在这个环节，他们得思考：我要写什么？哪些是写在作文中的，哪些是不需要写在作文中的？写作内容哪些需要详写，哪些需要略写？哪些先写，哪些后写？这个过程就是组织思想，构思作文。这是习作指导中最关键的环节，学生构思得越清晰，组织的内容越丰富，表达越有条理。在这里，教师要创设情境，诱发思考，鼓励学生不断地遐想、不断地呈现生活片段。

当学生在酝酿写作内容时，教师可引导学生用列纲要的方式，把思想内容梳理出来。如五年级习作：介绍自己的小伙伴，学生写出了以下纲要：

1. 开头：在我的小伙伴中，我最欣赏的是李天昊。
2. 李天昊的特点
   - 帅
     - 写作方法：进行外貌描写，重点写眼睛。（略写）
   - 博学多才
     - 举事例：他指导我做数学难题。
     - 写作方法：人物神态、动作、语言描写。（略写）
   - 处事沉着
     - 举事例：一次同学受伤事件。
     - 写作方法：场面描写，人物神态、动作、语言、心理描写。（详写）
3. 结尾：你若想认识他，就来五（2）班吧。

图 4-31　学生写作纲要

当提纲完成时，可让学生先与同桌说一说自己的构思，同桌间互相点评，互相帮助完善构思。

第三，习作评讲课，侧重交流。

写作是交际的手段之一，其本质在于表达与交流，有效交流的前提在于表达的真情实感。基于这一点，教师可以创设交流的平台，如把每次学生习作的作品制作成作文小册子，放在图书角，供学生传阅；小组间进行合作评改，让学生在相互交流、相互评价、相互赏识中鉴赏批判，取长补短，共同提高；开展佳作赏析会，让学生把自己习作中的优秀片段制作成幻灯片，在班里朗读交流，相互点评；创立班级博客，学生可自由发表文章，同学或家长可留言点评等等。任何的假话、空话、套话在读者面前，都会变得苍白无力。为了吸引读者，获得读者的认同，学生会把更多的心思放在选材的新颖、表达的生动上，这才是作文的正本之道。

这样的“小练笔”作业最有效

现在教师布置的作业大多都是来自教辅书，常用的教辅资料可以帮助学生巩固基础知识，进行强化训练。但另一层面也削弱了教师研究教材，研究学生，并设计练习的能力。对学生而言，他们对知识的掌握存在不同程度的差异，而统一标准的教辅资料明显会让他们消化不了。因而，语文教师布置的作业不应局限于教辅书或单纯的抄抄写写，而应根据教材特点、《语文课程标准》要求学生达到的阶段性目标、学生对知识的掌握情况，对知识点进行提炼筛选、归纳整理、构建重组，为学生设计专项的作业，让学生既巩固知识，又提升能力，提高作业的有效性。

为此，我进行了“小学生有效语文家庭作业研究”的课题研究，先从语文作业的“小练笔”入手进行探索。通过布置“小练笔”作业，为学生提供足够的语言运用的机会，促进学生语文能力的发展，达到练得精、练得准、省时增效的目的。

第一，时事练笔。

生活处处有语文，学生学习语文不一定在课堂。它的这一性质决定了其资源的五彩斑斓与用之不竭。人际间的交流、标语广告、春联、电影、杂志、新闻等，是最生动、最形象、最有活力的语文课程资源，它是学生学习语文的源头活水。针对学生活动圈子比较小，眼界不开阔，不善于思考、分析问题的情况，我充分利用学生生活中的语文课程资源设计了这样的一道练笔作业：

作业题目：听新闻—记简要—写点评。

练习训练点：听后速记能力；听后理解能力；发展学生善于思考、表达观点的能力。

完成时间：约 15 分钟（以填表的时间做计算）。

作业形式：每天观看新闻联播，记录自己最感兴趣的新闻简要，并写下自己的所思所感。

<table>
<tr><td>日期</td><td></td><td>新闻标题</td><td></td><td>记录人</td><td></td></tr>
<tr><td colspan="3">内容简要</td><td colspan="3">点评</td></tr>
<tr><td colspan="3"></td><td colspan="3"></td></tr>
</table>

我把学生的关注范围引向社会，引导学生积极分析时事，积累社会阅历，开阔思维。这样学生在完成作业的过程中不但独立地进行了语言训练，而且形成了以主人翁的角度关心社会，并懂得分析问题、批判思考，形成独特的见解。

第二，随文练笔。

语文教材中，可练笔点很多。教师可根据教学内容的需要设计，使小练笔更有利于学生理解课文内容。如古诗词的语言特点，是言简意深，纸短情长。它的意境含蓄优美，字里行间总是留着启人联想、开人悟性的“空白”。于是，激活学生的想象，引导学生走进古诗词的意境。儿童天生就是画家，他们乐此不疲地在纸上涂画，兴致勃勃地描绘。他们的想象极具张力，哪怕一个小小的圆圈也能激活他们的天马行空，这特征在低学段尤其突出，这时期他们擅长用图画表达。随着年龄的增长，他们的认识增加，词汇量不断丰富，他们的语言表达能力与日俱增，语言的表达形式渐渐向书面表达过渡。为此，根据学生阶段性心理特征，我让低学段学生为古诗配插图，以丰富的图画表达自己对古诗的理解；让高学段的学生为古诗词编故事，发挥想象，弥补古诗词的空白。

作业题目：为古诗词配插图 / 编故事。

练习训练点：巩固古诗词课的学习内容；发展想象能力。

完成时间：15~30 分钟（高学段稍长）。

作业形式：为所学的古诗词配上图画或编写故事，要求能表达诗词的意境。

这样的作业不拘泥于标准答案，给学生创造广阔的想象空间，而且富有挑战性，学生喜做乐做。

第三，专项练笔。

德国心理学家艾宾浩斯经研究发现，遗忘在学习之后立即开始，而且遗忘的进程并不是均匀的。最初遗忘速度很快，以后逐渐缓慢。为此，学生只有及时巩固，才能减少遗忘，提高学习效率。因而作业设计得紧紧围绕当天授课内容，找准语言训练点，有侧重地设计练习。同时，语文教师对学生已有的知识储备应该了然于心，根据学生已知点有哪些、未知点是什么、特殊学生的知识盲点是什么、优秀学生的提升点是什么而进行有针对的设计练习，使大部分的学生都在原有的基础上得到发展。例如：

一练词语。李吉林老师说，学生能否掌握一个词，关键在于是否会运用。学生用词，一要提供情境，诱发运用；二要反复练习，加深印象。所以，我们要为学生使用词语创造条件。以人教版四年级上册《白鹅》一课为例，练词语作业可以这样设计：

作业题目：作者把白鹅的形象写得栩栩如生，这离不开他的准确用词。请找出你最欣赏的词语认真地抄写下来，并选择其中三个或三个以上的词语围绕你最喜欢的一种小动物写一段话。

练习训练点：积累词语；懂得准确使用词语，把事物写具体。

完成时间：约 20 分钟。

在课文阅读时，从感知白鹅的形象中，一些词的形象、词的感情色彩已经进入学生的大脑。学生对每个词的感受是不一样的，一节课下来，有的对这个词印象深刻，有的对那个词理解透彻……学生把最欣赏的词语抄写下来，其实就是让他们有意识地积累已经感知理解的词语。我启发学生把思考带到生活中，把最喜欢的一种小动物的形象与已积累的词语联系起来并在描述中运用。这样的训练让学生善于用词表达情感，反映周围的世界，使“词深入到儿童的精神生活中去”（李吉林）。

二练句式。低学段是儿童语言发展的黄金时期，这时期的主要目标是让学生尽快地从口头语言向书面语言过渡。然而，学生受到所处的地方语言的影响，在写作中往往无法正确地把口头语言转变成书面语言。因而学生的作文中常常出现方言与普通话语言混杂，导致语句不顺、表达不清的情况。我认为要改变这一现象，关键是积累丰富的词汇和句式，让学生在一定的情境中能连词成句，连句成段。纵观小学语文低学段教材，经常使用重复的句式表达，读起来朗朗上口，充满了童真、童趣。为此，教师要做有心人，帮助学生进行句式的积累和训练，比如积累句式：

主谓宾句式：“……是……”“……爱……”“……帮助……”等。

常见的比喻句式（含本体和喻体）：“……好像……”“……仿佛……”“……是……”等。

常见的拟人句式：把事物直接当作人来描写的句子。

为此，以人教版三年级上册《花钟》一课为例，可设计如下作业：

作业题目：请你观察一下周围的花，照着“牵牛花吹起了紫色的小喇叭”这种句式来表达鲜花的开放，试着写两个句子。

练习训练：点掌握拟人句的基本规律；懂得准确使用拟人句的表达方式，把事物写具体。

完成时间：约 15 分钟。

当学生积累了大量的句式时，他们就能掌握语言规律并连贯流畅地运用，从而提高书面表达能力。

三练描写方法。学生在语文学习中，阅读一篇篇课文的最终目的不仅仅是理解课文的内容，进行人文教育，还有获取蕴含在课文阅读过程中的阅读程序与策略，获得蕴含在课文内容另一面的表达方法与方式。叶圣陶先生认为：“课文无非是个例子。”通过这个例子，我们可以引导学生举一反三。如人教版五年级上册第六组课文对人物的外貌、动作、语言的描写生动形象，细致深刻。在《回顾·拓展》的“交流平台”中就要求“回顾本组课文中关于描写人物外貌、动作、语言的语句，并体会它好在哪里”。在教学时，我先让学生读例句，再从课文中找出自己印象深的描写人物外貌、动作、语言的句子，体会语句在表现人物内心世界或表达作者情感方面的作用。然后设计这样的练笔作业：

作业题目：把短文中的对话描写具体。

有一次，我正在家里写作业，弟弟非要我正在用的钢笔不可。我当然不给他，于是他（　　　）说：“________________________________”

“______________________________________”我（　　　）地说。

“_______________，”他不退让，接着说，“___________________”

我只好无奈地把钢笔交到他的手上，说：“_____________________”

练习训练点：掌握三种说话的表现形式；掌握提示语的作用；培养联系上下文进行合理推理的能力。

完成时间：约 15 分钟。

除此以外，我们还可以设计“心理描写”“动作描写”“神态描写”的小练笔，把人物描写方法做一系列的训练。也开发了一些比较受欢迎的小练笔作业，如：共读一篇文章，在微信群里发表自己的观点，学生家长相互点评；读一本书，把情节脉络和自己感受画成思维导图，并在班里展示；为家人做一道菜，发送“图片 + 感受”到老师的邮箱。

作业的形式也不一定是独立完成的。我曾布置了一项全班接力创作一个故事的作业，先定好故事人物及人物之间的角色关系，学生围绕这些人物展开想象编写故事。一个接一个地写，后者必须阅读前面的“小作者”的写作内容，根据前文进行续写。在安排写故事的顺序时有意识地让想象力比较丰富的学生放在前面，奠基故事的开头，让写作能力比较强的学生平均分布在各个阶段，疏落有致地带动其他学生进行写作。

小练笔作业所用的时间不长，训练点集中，容易反馈，是学生把习得的语文知识、方法与技能运用到实际生活中的最佳途径。美国华盛顿儿童博物馆上有这样一句格言：“我听过了，我就忘了，我看见了，我就记得了，我做过了，我就理解了。”确实，学生学习知识，听了不一定记住了，记住了不一定懂了，唯有扎扎实实地运用了，他才真正地掌握了。

对小学语文命题的思考

在语文教师的意识里，往往是考什么教什么，怎么考就怎么教。所以学业质量评价的内容指向、类型倾向、难易程度直接左右课堂教学，影响课改的进程及学生语文素养的形成和发展。

结合《义务教育语文课程标准（2011 年版）》阶段目标和《广州市义务教育阶段学科学业质量评价标准（语文）》（简称《评价标准》）对各年级的评价要求，剖析我们过去使用的试题主要存在的问题及对小学语文命题发展的思考。

第一，寻找问题根源。

问题根源一：检测的梯度含糊不清，没有体现层次差别。语言学习过程呈螺旋式上升的特点，决定了螺旋式上升成为语文教材和语文教学的基本特性。以写作教学为例，小学整个阶段都在学习，但它在学段的要求是各有差别。如一年级学习四素句、连续句、并列句训练，要求学生懂得句子本身的条理性；二年级学习句群训练，使学生理解句与句的逻辑关系；三年级重点是段的训练，使学生理解段中层与层的逻辑关系；四年级开始要求学习篇的训练，使学生理解篇中段与段的逻辑关系。学生经历句子、句群、构段、构篇的教学，四个训练既是相互交替、循环往复，又是循序渐进，其知识内容和能力要求是不断加深与提高的。螺旋式上升的特点遵循了学生从形象思维向抽象逻辑思维发展，从机械识记向理解运用发展的规律。但是我们的命题却没有理解这种语言学习的规律，尤其在对学生阅读能力考查方面没有呈现持续上升的趋势，阅读分值权重偏低。在阅读板块夹杂基础知识考查的情况在各个年级相当普遍，也就是说，实际考查阅读理解能力的量是少之又少。

《义务语文课程标准（2011 版）》在阅读目标中十分强调语言和积

累，而且进行了量化。第一学段明确要求学生积累自己喜欢的成语和格言警句，背诵优秀诗文 50 篇（段），课外阅读总量不少于 5 万字。第二学段背诵优秀诗文 50 篇（段），课外阅读总量不少于 40 万字。第三学段背诵优秀诗文 60 篇（段），课外阅读总量不少于 100 万字。可见，课程标准对学生的语言积累的要求是逐年递增的。然而，考查的内容随意，缺乏理论的参考。

如果命题框架从整体上出现重基础、轻能力，重识记、轻理解运用，那么在价值取向上给教师、学生、家长的误导是掌握基础知识比阅读理解能力、综合实践运用能力重要。导致语文课仍离不开填鸭式地灌输知识，布置大量重复机械的作业。教师忽视学生思维品质的培养、学习方法的渗透。

问题根源二：形式单一，知识点集中。语文试题的考点分拼音、识字、写字、词语、句子、阅读、写作。 从近年的试题来看，个别命题者的命题形式不外乎“拼音—看拼音写汉字；识字—组词；词语—选词填空；句子—改写句子……” 考查形式和考查内容也相对集中，如一至六年级都采用“看拼音写汉字” 的形式进行考查。又如，五年级考查成语的积累，常采用“把成语补充完整” 的形式，分值为 6 分。只考查词语积累的数量，至于如何把词语应用到实际生活中，就没有体现。另外，出现重复考查知识点的现象，使知识面的范围缩小，如对比喻修辞手法的考查有时会分别出现在基础部分和阅读部分。这样，试题就不能多角度地对学生一学期的学业情况进行检测，也不能全面反映学生的学业水平。

第二，对小学语文命题的思考。

我们怎样发挥命题的导向功能和激励功能，促进老师意识的转变，推动新课程的改革，提高学生的语文素养，最终提高学生的学习质量？这是我们亟待解决的问题。因此，我以 2010 年上学期南沙区小学语文期末测试试题为例，进行分析。

一是知识覆盖面广，兼顾全面。经济发展会影响教育资源的获得，从而影响教育质量，地城生源存在差异。因此，小学语文试题应考查对学生的学习与发展最基本、最有利的内容，同时，难易程度如容易题、中难题、较难题的比例控制在7∶2∶1。知识覆盖面广，确保学生在这类题目不能得分，也能在其他的题目得分，同样得到做题成功的喜悦。

五年级试题：

请划出带点字的正确读音。（3分）

文件夹（jiā　jiá）　埋葬（zàng　zàn）　告诫（xiè　jiè）

过滤（lǜ　nǜ）　损失（shǔn　sǔn）　勉强（qiáng　qiǎng）

这道题要考查学生"会认识本册的生字，能读准音"的能力。主要针对以讲粤语为主，普通话讲得不标准的南沙区学生而设计。我们把读准音这个考点又细分为区分生字的同音字、形近字的读音，读准生字的翘舌音、鼻边音、前后鼻音这五个知识点。目的是引导教师在高学段教学也不能忽视生字的读音教学，并要求教师在新授课时有意识地让学生区分难读音，提高方言地区学生的普通话水平。如：

六年级试题：

在"轻叩诗歌的大门"的综合性学习中，你们开展了搜集诗歌、欣赏诗歌、朗诵诗歌等活动，对诗歌已经有了一定的认识。现在请你把下面的诗歌按要求分类，把正确序号写在横线上。

A.《西江月·夜行黄沙道中》　B.《太阳的话》

C.《致老鼠》　D.《马诗》　E.《秋思》

按时间划分：唐诗____________；宋词____________；现代诗____________。

按题材划分：思乡诗____________；山水田园诗____________；边塞诗____________。

南沙区各所学校已经配备了电脑室、图书室以及多媒体教学设备。为了鼓励语文教师积极组织学生进行语文综合实践活动，我们可以考查学生开展综合实践活动情况。这道题包括的知识点分三处：检查学生参与综合实践活动情况；熟悉阅读材料及学过的古诗词，积累文学常识，为中学语文学习过渡；理解古诗词的意思，并能为其分类。

众所周知，语文学科是综合性很强的学科，语文试题应具有丰富的内涵，每一道题的选择都是意味深远的，它既是听、说、读、写能力之间的整合，也是知识与能力、过程与方法、情感态度与价值观三个维度之间的整合。所以，我们要力求命题从局部走向全面，从单一走向多元。

二是增强试题的生活性和运用性。生活是语文学习的源头活水，生活中的语文学习资源无处不在。我们要重视“生活化试题”的编制，取材可以直接来自学生的生活，做到真实有趣，让学生认识到学语文不是为了应付考试，而是为了在生活中运用。

四年级试题：

补充成语，并按要求选择合适的词语填在横线上。（5 分）

人声（　　）（　　）　　　　不胜（　　）（　　）

耀（　）（　）威　　　　（　）所（　）然

1. 如果要描写亚运会开幕式的现场，我会用到上面的________这个词语。

2. 给老人让座、排队等候这些都是__________的事情。

一年级试题：

看图听老师读词语，在正确的词语后面的（　）里打“√”。（4 分）

“亚运会、给老人让座、排队等候、课间活动、给羊羊们编写故事”这些都是学生熟悉的、喜闻乐见的话题。有趣的问题情境可激发小学生做题的欲望，让学生感到生活中处处有语文，也使他们的能力在具体的、

规定的情境中尽可能地得以展现。

三是依纲靠本，回归本真。过去我们的命题走进一个怪圈，试题涉及课内的内容越来越少。有的教师质疑：语文书有用吗？为了不让教师脱离书本，走进茫茫的题海中，让学生做大量的练习，增加学生的负担，我们的试题应回归本真，鼓励教师研究教材、用好教材。力求“学在课内，用在课外”，用课内学到的语文知识解决课外的问题。如可适当采用课内的阅读知识，考查学生把握课文的重难点情况；字、词、句、篇的考查内容一定要从教材上找到出处，要么是教材的知识点，要么是教材要求达到的能力训练点。总之，把教材用好，让教师踏踏实实地教语文。

六年级试题：

《我的伯父鲁迅先生》一文写出了鲁迅先生是一个____________的人，鲁迅一生创作和翻译了很多作品，有____________、____________等。

《山中访友》《山雨》在表达上很有特点，充分运用了____________和想象。“地扫得干干净净，炉子里的火还没有熄，食具在搁板上闪闪发亮。”运用了____________描写____________。

目的是为了让教师关注单元导读，通过“交流平台”让学生交流学习收获，习得学习方法，积累文学常识。

五年级试题：

我大喜过望，脚下仿佛踩着一朵幸福的云。（运用句子所用修辞手法进行仿写。）

____

____

目的是让老师们意识到课文就是学生语言学习的范本，学生通过课文的优美词句、经典篇章的品析学习积累，最终做到举一反三。因而，老师要有语言触角，善于挖掘教材中的语言训练点，对学生进行“听、说、读、写”的语言训练。

五年级试题：

仔细阅读，理出事情发展顺序。（3 分）

发现藏羚羊→（　　　）藏羚羊→（　　　）藏羚羊→（　　　）藏羚羊

六年级试题：

给短文划线的部分加上小标题。（3 分）

①______________②______________③______________

这两题分别出自《狼牙山五壮士》及《我的伯父鲁迅先生》的能力训练点（课后练习），细看其他阅读题，你会发现它们都出自课文的课后练习及《义务教育语文课程标准（2011 年版）》阶段目标。目的是检查学生在该学段的阅读能力达标情况，也引导教师关注每个单元的能力训练点，在课堂教学中有重点地进行系统训练。

四是突出年级重点，难度层级渐进。根据《评价标准》对整个义务教育阶段知识点在不同时期的不同要求，我们发现语文教材和语文教学虽然有螺旋式上升的特点，但是在不同学段也有新的学习起点，那么在这个学段应重点学习，使学生尽快掌握，以便在日后的语文学习中不断地深化提高。我以基础知识为例，将各个年级的知识重点做以下分布：

表 4–9　各年级基础知识分布重点

年级	知识分布重点
一年级	拼音（声母、韵母、整体认读音节）；偏旁部首，笔画，结构；学习多种识字方法，区分形近字、同音字、多音字；建立句子的概念，掌握把字句；学习逗号、句号、问号、叹号的用法；学习音序查字法
二年级	根据汉语拼音写学过的词语、句子；不断扩大识字量，能根据汉字构字规律识字；掌握部首查字法；能一字组多词，掌握近义词、反义词，按规律积累成语；理解相同汉字在不同的语境中所表达的不同意思；说出句子的意思，造句，认识比喻句、把字句、被字句、并列句，能连词成句，补充句子，扩句；学习逗号与句号的区分
三年级	初步体会词语表达的准确和生动；初步体会总起句、总结句和过渡句在文章中的作用；能按要求仿写句子；体会比喻句、反问句的表达效果；能按要求找出相关的语句；认识冒号、引号、顿号、省略号的作用
四年级	辨别词语、句子的感情色彩；联系上下文和生活实际体会词语的内涵和表情达意上的作用；理解生动形象的句子的意思，初步理解含义深刻的句子的意思；正确理解比喻句、拟人句等句子的意思，体会修辞手法的表达效果；中心句在文中的作用；学习使用学过的多种句式，正确使用关联词语

（续表）

年级	知识分布重点
五年级	正确理解词语的意思（能写出词语的意思）；品味在语言环境中用词的准确性以及表达效果；合理推想、正确理解含义深刻的句子的意思，并有自己的独特感悟；能判断句子在文段中的作用；修改病句；根据语境加标点符号
六年级	学生能独立根据具体语境，尝试运用已有的识字方法，推知生字之意，理解汉字、词语的意思；正确理解多义词；能辨析本册生字新词、关键词的感情色彩，体会其表达效果；初步掌握夸张的用法；认识破折号、省略号的作用

一个学期下来的语文学习，知识点星罗棋布，不可能面面俱到。为了提高命题的质量，使试题能围绕课改理念，有效检测《义务教育语文课程标准（2011 年版）》要求各学段学生达到的能力水平，我们应有所侧重，使试题凸显层级性。

试题编制在课堂教学中具有积极的导向作用，所以，命题的过程是慎之又慎的。优质的试题需要同时具备：知识覆盖面广；学在课内，用在课外；兼顾各能力层级的学生，有合适的区分度。这样才能更好地促进小学语文教学持续发展。

参考文献

[1] 黄全愈 . 培养智慧的孩子：天赋教育在美国 [M]. 长沙：湖南少年儿童出版社，2006：14.

[2] 塞德兹 . 家有小天才：塞德兹博士“天才教育”手记 [M]. 王超，译 . 北京：新时代出版社，2010：9.

[3] 王荣生 . 阅读教学教什么 [M]. 上海：华东师范大学出版社，2016.

[4] 东尼・博赞，巴利・博赞 . 思维导图 [M]. 卜煜婷，译 . 北京：化学工业出版社，2015：10.

[5] 东尼·博赞 . 博赞脑力训练手册之思维导图 [M]. 鹿丹丹，译 . 北京：北京联合出版公司，2016：23–27.

[6] 王荣生，等 . 语文教学内容重构 [M]. 上海：上海教育出版社，2007：99.

[7] 艾德勒，范多伦 . 如何阅读一本书 [M]. 郝明义，朱衣，译 . 北京：商务印书馆，2004：137.

[8] 李海林 . 言语教学论：第 2 版 [M]. 上海 ：上海教育出版社，2006：347.

[9] 中华人民共和国教育部 . 义务教育语文课程标准：2011 年版 [S]. 北京：北京师范大学出版社，2012.

[10] 李吉林，美・智・趣的教学情境 [M]. 北京：人民教育出版社，2006：102.

[11] 唐晓杰 . 课程改革与教学革新 [M]. 南宁：广西人民出版社，2002：159.

后　记

过去，我的工作与跑腿无异，天天往南沙区各所学校、往广州市区以及更远的地方跑。回想一下，最满的一周是五天都要跑。本来我可以偷个懒，少跑几所学校，只是忍不住想要到薄弱地区去看看，同时也是赶赴学校的邀请。甘于做跑腿，源于心中的教师情结，总觉得有一天，我会回到学校，所以不愿与学校拉开太大的距离。

我多跑几所学校，收获也很大。学校是广阔的平台，听不同的教师上课，集思广益。把一个教师的优点搬到另一个教师身上，就是促进他成长的好点子。把大部分教师存在的共性问题进行抽丝剥茧，就能寻找到规律。所以，很多教师说，听我的评课受到很大的启发，其实根源是教师们给了我学习的机会，我只是他们的镜子，反射他们的问题而已。

镜子毕竟是镜子，它的缺陷在实际操作面前就很容易暴露出来。我曾在体育东路小学执教《学会生病》公开课，当时学生的学习参与度非常高，他们思维活跃，视野宽广。我借用于丹、龙应台对亲子之爱的感悟帮助学生理解“分离”“独立”的深层含义，理解父母的用心良苦。课后，我的课得到了省名师工作室主持人游彩云和其他学员的认可，教学设计刊登在《小学教学参考》上。然而，用同样的设计在南沙区一所学校借班执教，市区学生与郊区学生之间的视野和思维的差异顿现。遇到这样的差距，就考验教师的课堂驾驭能力了。然而，我的这种能力因长期脱离课堂渐渐变得羞涩生硬。课堂是提升教师教学技能的地方，教师只有在课堂上与学生互动时，才能积累练就课堂驾驭能力。

跑腿虽然很累，但是我感谢它给了我游走在各个领域的机会。我负责过小学语文、小学数学、小学品德以及中学语文等教研工作，参与过中小学考试命题工作，跟着中学组教师去听课、听中高考质量分析。我看到的，并不仅仅是学校与家庭两点一线的教师所看到的。也许正因为视野的开阔，决定了我看问题的角度多样一些，我的人生脚本随着阅历的积累而变化着。跑得累的时候，我激励自己：凡事多看一些，多想一些，这沉淀下来的东西就是成长。

印度的苦行僧忍受着长期断食断水的饥渴，甚至躺在布满钉子的床上，行走在火热的木炭上，他们以苦行来锻炼自己的忍耐力和离欲。在温水里的青蛙无法理解奋力跳出去的青蛙的想法，在它们眼里，在外忍受饥寒，接受生存的考验是多苦啊。可是跳出去的青蛙，在博弈与挑战中练就了承受变化的耐力、能进能退的从容，它们看到了不同领域的风景，产生了不一样的思考，这是温水里的青蛙得不到的。当一个人到了瓶颈感觉被困住的时候，要么成为温水青蛙混日子，要么在与环境的拉锯中弄得身心疲惫，形神俱损。不如放弃眼前的荣誉，换个平台重新开始。

现在，我回到一线，在我的实验班里做“工具课堂”的思考与实践，开发“思维导图”“阅读报告”“微视频”“评价清单”等学习工具，把思维方式可视化，把学习策略可操作化，从而提高课堂学习效率。在实践中，我的大脑随着我的观察不断地迸发出新的想法，这是以往在办公室里读几本书、几篇论文，听几个讲座凭空而生的想法所不能替代的。只有在一线生长出来的教学理念，才最有生命力。

生活还是那么忙碌。我接手的班级因曾频繁更换教师，学生至今没有养成较好的学习习惯，有些家长对不成器的孩子已经处于放弃的状态，而我也在适应从教研员到班主任的角色转变，难题排山倒海地向我袭来，但是没关系，一切磨难都是修行。一天改变一些，一天进步一些，我会用心做，用脑子思考，让自己不断成长。